THE LANGUAGE EFFECT
OF
CORPORATE
GOVERNANCE

公司治理中的
语言效应

范合君 闫盼盼 王乐欢 吴雪莹 著

经济管理出版社
ECONOMY & MANAGEMENT PUBLISHING HOUSE

图书在版编目（CIP）数据

公司治理中的语言效应/范合君等著.—北京：经济管理出版社，2018.10
ISBN 978-7-5096-5993-9

Ⅰ.①公… Ⅱ.①范… Ⅲ.①上市公司—企业管理—研究—中国 Ⅳ.①F279.246

中国版本图书馆 CIP 数据核字（2018）第 206283 号

组稿编辑：张永美
责任编辑：范美琴
责任印制：黄章平
责任校对：王纪慧

出版发行：经济管理出版社
　　　　　（北京市海淀区北蜂窝 8 号中雅大厦 A 座 11 层　100038）
网　　址：www.E-mp.com.cn
电　　话：(010) 51915602
印　　刷：北京虎彩文化传播有限公司
经　　销：新华书店
开　　本：720mm×1000mm/16
印　　张：12.25
字　　数：170 千字
版　　次：2018 年 10 月第 1 版　2018 年 10 月第 1 次印刷
书　　号：ISBN 978-7-5096-5993-9
定　　价：48.00 元

·版权所有　翻印必究·

凡购本社图书，如有印装错误，由本社读者服务部负责调换。
联系地址：北京阜外月坛北小街 2 号
电话：(010) 68022974　　邮编：100836

目录
Contents

第一篇
独立董事委婉履职行为与清洁意见文字情感

第一章 引言 ········· 003

- 第一节 问题的提出 ········· 003
  - 一、语言转向研究的趋势性 ········· 003
  - 二、清洁意见分析的必要性 ········· 004
- 第二节 研究意义 ········· 006
  - 一、理论意义 ········· 006
  - 二、实践意义 ········· 007
- 第三节 概念界定 ········· 007
  - 一、清洁意见 ········· 007
  - 二、委婉履职 ········· 008
  - 三、"有功"型和"无过"型文字情感 ········· 008
- 第四节 研究方法 ········· 009
- 第五节 内容框架 ········· 010

第二章　文献综述 ·· 013

第一节　独立董事履职行为的有效性 ················· 013
第二节　影响独立董事履职行为有效性的因素 ······ 015
　　一、独立董事相关特征影响因素 ··················· 016
　　二、公司治理相关指标影响因素 ··················· 018
第三节　独立董事履职行为的实施 ····················· 021
第四节　小结 ··· 022

第三章　独立董事委婉履职行为的机理分析 ········ 023

第一节　独立董事委婉履职行为的成本收益分析 ···· 023
第二节　独立董事委婉履职行为的测度 ··············· 025
第三节　独立董事委婉履职行为的影响因素 ········· 026
　　一、影响因素理论依据分析 ························· 026
　　二、影响因素的跨层次分析 ························· 028

第四章　实证设计 ·· 035

第一节　理论分析与研究假设 ··························· 035
第二节　数据来源及变量说明 ··························· 037
　　一、数据来源 ··· 037
　　二、变量说明 ··· 038
第三节　实证分析 ··· 040
　　一、模型构建 ··· 040
　　二、描述性统计 ······································ 041
　　三、相关性分析 ······································ 042
　　四、共线性检验 ······································ 043
　　五、回归结果 ··· 044
　　六、实证结果分析 ··································· 045

第五章 研究结论、政策建议与研究展望 ········· 049

第一节 研究结论 ········· 049
第二节 政策建议 ········· 050
　一、聘请外籍独立董事，改善本土化现状 ········· 050
　二、建立独董评估机制，优化人员组成 ········· 050
　三、加强专业知识培训，提升沟通质量 ········· 051
　四、增加独立董事比例，给予制度保障 ········· 052
第三节 研究展望 ········· 052

第二篇
年报文字语气与公司业绩

第六章 引 言 ········· 057

第一节 问题的提出 ········· 059
第二节 研究意义 ········· 060
第三节 研究内容 ········· 062
第四节 研究方法 ········· 062
第五节 研究框架 ········· 063

第七章 文献综述 ········· 065

第一节 "管理层讨论与分析"的相关文献 ········· 065
　一、产生与发展 ········· 065
　二、国外研究现状 ········· 066
　三、国内研究现状 ········· 067
第二节 文本情感分析的相关文献 ········· 068
　一、文本情感分析概念 ········· 068
　二、中文文本情感分析的研究现状 ········· 068

第三节　文字语气与公司业绩关系的相关文献 …………………… 069
　　一、国外研究现状 ………………………………………………… 069
　　二、国内研究现状 ………………………………………………… 070
第四节　小结 …………………………………………………………… 070

第八章　文字语气的功能与测度 …………………………………… 073

第一节　文字语气的功能 ……………………………………………… 073
第二节　文字净语气的衡量 …………………………………………… 074

第九章　研究设计 ……………………………………………………… 077

第一节　研究假设 ……………………………………………………… 077
第二节　变量选取 ……………………………………………………… 081
第三节　研究模型 ……………………………………………………… 083
　　一、文字语气与公司未来业绩 …………………………………… 083
　　二、投资者信心的中介作用 ……………………………………… 084
　　三、强语气程度与每股收益的调节作用 ………………………… 084
第四节　样本选取与数据来源 ………………………………………… 084
　　一、样本选取 ……………………………………………………… 084
　　二、数据来源 ……………………………………………………… 085

第十章　实证分析 ……………………………………………………… 087

第一节　变量描述性统计 ……………………………………………… 087
第二节　相关性分析 …………………………………………………… 088
第三节　多元回归结果及分析 ………………………………………… 090
　　一、文字语气与公司未来业绩 …………………………………… 090
　　二、投资者信心的中介作用 ……………………………………… 092
　　三、强语气程度及每股收益的调节作用 ………………………… 093
第四节　小结 …………………………………………………………… 095

第十一章　文字语气与公司未来业绩的关系机理 ……… 097

第一节　单独研究框架下的文字语气与上市公司业绩关系机理 ……… 097

第二节　整体框架下的文字语气与上市公司未来业绩关系机理 ……… 099

第十二章　研究结论、政策建议与研究展望 ……… 105

第一节　研究结论 ……… 105

第二节　政策建议 ……… 110

第三节　研究展望 ……… 115

附　录　文字情感词的统计分类数据示例 ……… 116

第三篇

红头文件、领导人讲话与国企改革

第十三章　引　言 ……… 119

第一节　研究背景 ……… 119

第二节　研究内容 ……… 121

第三节　研究框架 ……… 122

第四节　研究方法 ……… 122

第五节　技术路线 ……… 123

第十四章　文献综述 ……… 125

第一节　国企改革研究综述 ……… 125

一、国企改革环境 ……… 125

二、国企改革问题 ……… 126

三、国企改革方向 ……… 127

四、混合所有制改革 …………………………………………… 128
　　五、制度理论研究 ……………………………………………… 129
第二节　语言学方法研究 …………………………………………… 130
　　一、语义学与语用学 …………………………………………… 130
　　二、言语行为理论 ……………………………………………… 132
　　三、话语分析研究 ……………………………………………… 133
第三节　政策文本分析研究综述 …………………………………… 134
　　一、政策文本的定量分析 ……………………………………… 134
　　二、政策文本的定性分析 ……………………………………… 136
　　三、政策文本的综合分析 ……………………………………… 137
　　四、政策文本的宣传研究 ……………………………………… 138
第四节　红头文件、领导人讲话对国企改革的影响路径与机理研究
　　　　综述 …………………………………………………………… 139

第十五章　研究设计 ……………………………………………… 141

第一节　研究方法 …………………………………………………… 141
第二节　研究步骤 …………………………………………………… 143
第三节　数据来源与样本选取 ……………………………………… 144

第十六章　对各层级红头文件、领导人会议讲话的语言分析 …… 147

第一节　党中央混合所有制改革红头文件的语言分析 …………… 147
第二节　国务院混合所有制改革红头文件的语言分析 …………… 148
第三节　国有资产管理委员会领导人讲话语言分析 ……………… 152
第四节　中央企业红头文件及领导人讲话语言分析 ……………… 155

第十七章　各层级红头文件、领导人讲话对国企改革的影响路径与
　　　　　机理图解 ……………………………………………… 161

第一节　时间机理 …………………………………………………… 161

第二节　内容机理 …………………………………………… 162

　　第三节　结构机理 …………………………………………… 163

　　第四节　综合机理 …………………………………………… 164

第十八章　研究结论、政策建议与研究展望 ………………… 167

　　第一节　研究结论 …………………………………………… 167

　　第二节　政策建议 …………………………………………… 168

　　　一、党中央、国务院 ………………………………………… 168

　　　二、国资委 ………………………………………………… 169

　　　三、中央企业 ……………………………………………… 169

　　第三节　研究展望 …………………………………………… 170

参考文献 ………………………………………………………… 171

| 第一篇 |

独立董事委婉履职行为与清洁意见文字情感

第一章 引 言

第一节 问题提出

研究独立董事出具的关联交易意见即为研究独立董事的履职行为,也是传统语言分析的一种简化形式的研究。因为在中国传统文化的语言规则的影响下,说话人面临巨大的压力或者有其他意图时就可能避开直接的表达方式,采用委婉的方式来表达事物的真实状态,具体地讲,独立董事出具的意见中不会含有明显否定态度,而这种态度恰恰不用经过复杂的语言分析就能区分成两种不同的情感,"有功"的文字情感实际上只有中性程度的情感值,"无过"的文字情感实际上就是原本的否定程度的情感值,本篇基于情感分析的视角,旨在对独立董事不否定意见背后隐藏的真实的态度进行区分和量化来测度独立董事的委婉履职行为,挖掘企业关联交易活动带来的更客观、更实质性的后果。

一、语言转向研究的趋势性

语言问题作为一项基础研究逐渐成为当代学术研究的热点问题,包括哲学在内的很多社会学科都开始将研究的视角转向语言问题,并结合自身学科的研究问题和研究方法,从理论上拓宽了语言问题研究的新领域,这种大规模的语言研究集中动态趋势常被称为"语言转向"。它从哲学起步,逐渐延伸至其他诸多社会学科,这些学科也开始关注语言问题,而经济学"语言转向"的标志是从博弈论大师鲁宾斯坦的研究开始的,其在语言的经济学分析和博弈论的语言问题两项关键性的研究分析中正式把语言学和经济学两大学科门类在理论上融合并开始相互渗透,拉开了经济学语言转向的序幕。如此众多的学科领域发生"语言转向"的动机又是什么?表面上看起来是一门学科理论上的深层推进,或者与其他学科的混合性研究,而韦森教授曾经指出,人类的所有市场交换交易行为以及由此产生的所有习俗、制度和惯例,源于人类所特有的语言能力,而人类社会的种种制度、规范、惯例、法律等约束机制,归根结底就是一种语言,或者说其以口头形式或者书面形式的语言为载体,构建一系列的约束机制,来确保和维护整个人类社会的发展和不断延伸。

传统的语言分析更像是语言博弈,侧重于语言内部的考察,如词语、句子、词汇搭配、语法等,而简化的语言分析侧重于将语言应用在不同的社会情景中来研究,如语言的使用、语言的社会意义、语言的表达方式、语言背后的信息特别是主观情感信息等问题,这为语言问题融入其他学科进行相关研究奠定了基础,也是笔者对独立董事意见的语言分析进行研究的前提条件,这种分析方式使得语言分析更具实用性,使理论研究落地,并越发成为理论研究的大趋势。

二、清洁意见分析的必要性

独立董事设立的初衷是通过出具独立董事意见,发挥其监督作用,维护中小股东利益,而关联交易是公司内部高风险的交易方式之一,虽然学术界的观点不一,研究文献相对不多,然而更多的学者认为,关联交易作为管理层进行盈余管理和大股东掏空企业价值的工具,是第二类委托代理问题的突出表现,在直接损害毫无话语权的中小股东利益的同时，也可能会使得整个证券市场的稳定性和正常波动范围遭受冲击。由于独立董事关联交易意见的叙述形式基本统一，因而本篇着重研究独立董事出具关联交易意见的履职行为。例如，在独立董事意见库中，2015年山东新能泰山发电股份有限公司的独立董事针对两项关联交易出具意见的文字表述分别为：

（1）本次关联交易，便于公司资金管理，有利于降低财务成本、提高公司资本的运营能力，有助于公司的长期发展。存、贷款总额是基于公司正常生产经营实际确定的，对公司是有利的。本次关联交易遵循了一般商业原则，定价的原则是公允的，不存在有损公司和全体股东特别是中小股东利益的情形。[1]

（2）我们认为，本次关联交易是为了不断提高公司对财产及工程项目的风险管理水平，保障公司及下属公司财产安全，降低未来经营之风险，交易内容合法、交易价格合理，没有损害非关联股东的利益，符合公司和全体股东的利益。因此，同意本项提案。[2]

针对高风险的关联交易事项，独立董事出具的意见绝大部分表现为清洁意见的形式，然而两项清洁意见的态度明显不同，前者多使用"有助于""有利"等词语，相比之下，后者的用词则更为保守，多使用"没有损害""符合"等词语，而这种现象在独立董事出具的关联交易意见中普遍且容易区分开来，那么究竟是什么原因使得一向被喻作"裁判员"的独立董事采取委婉的方式发表意见？而针对影响独立董事在不否定基础上发表不同情感意见的因素，是否可以进行归类，进而研究哪一项或者哪些因素对独立董事意见影响最大？

---

[1]《山东新能泰山发电股份有限公司独立董事对七届六次董事会有关事项的独立意见》关于公司及控股子公司向中国华能财务有限责任公司存贷款的意见。

[2]《山东新能泰山发电股份有限公司独立董事对七届六次董事会有关事项的独立意见》关于公司及控股子公司向永诚财产保险公司投保的意见。

第二节 研究意义

一、理论意义

第一，将复杂化的语言分析简化后，进一步具体地引入公司治理领域，研究分析本土的上市公司独立董事出具的清洁关联交易意见中的语言并提炼出文字情感，进一步扩大社会语言学和管理学两大集合学科的交集区。其实，"语言转向热"不仅是语言学的研究被其他很多社会学科广泛采纳，研究的重点也开始发生转向，即从语言的内在问题到语言外部层面的研究，本篇并未采用分析独立董事意见的文字形式、结构和语法，而是分析独立董事清洁意见中的文字情感，实际上是把理论的语言分析拓展到社会情景当中展开研究的。

第二，引入独立董事履职的成本效益分析和中国传统的语言规则两个创新点，着眼于本土独立董事出具的清洁关联交易意见的特点。首先是选用经济学里的成本收益分析和独立董事的经济人假设来分析其委婉履职行为的路径，其次在影响因素中分析了宏观的传统文化影响下的语言规则，总结了本土独立董事的三个传统观念，分别为重脸面、重权力和印象管理，旨在定性地分析独立董事的委婉履职行为机理和影响因素。

第三个可能的理论意义也是本书的核心点，在理论上细分独立董事出具的清洁关联交易意见蕴含的文字情感。具体地讲，分为包含"有功"和"无过"两种文字情感的清洁意见，进而对后续跨层次分析影响独立董事委婉履职的因素奠定研究基石，不局限于以往研究中出具清洁意见或者否定意见的影响因素，或者出具否定意见或者投反对票即代表独立董事履职行为有效性高，反之有效性低或者无效的思路。

二、实践意义

第一,从投资者角度,有助于投资者了解独立董事在本土履职环境下不直接选择否定意见,而选择出具"无过"和"有功"两种情感的清洁意见的行为方式和内在动机,进而判断上市公司管理层关联交易决策的真实动机和外在的合法性,一定程度上有利于改善信息的不对称性,维护自身的投资利益。第二,从上市公司角度,对影响因素的研究主要为董事会选拔聘用独立董事方面提供可能的借鉴和启示。第三,从监管者角度,分析影响因素和出具清洁意见的机理路径,可以一定程度上为监管方提供合理可靠的依据,对设计和完善全面、完整的独立董事信息库可能有帮助,最终达到独立董事履职信息能够公开、透明的目的,证监会等机构的监督效力更有利于提升上市公司独立董事的进入门槛,更具强制性、高效性和独立性的特点。第四,从独立董事自身角度,可能使得独立董事主动参与到培训中来,主动提升自身的职业能力和专业素质,保持自身独立性,更全面、客观和清晰地出具独立董事意见,负责任地履职。

第三节 概念界定

一、清洁意见

清洁意见主要取自英文单词"clean"的直接翻译,是一种独立董事意见中约定俗成的叫法,最早用于事务所出具的上市公司的审计报告,形容标准的审计意见,格式固定且有统一模板,通常是指为证明财务报告的真实、准确、合法而出具的不含任何附加说明的无保留意见。"不清洁"的审计意见是注册会计师对被审计公司出具的对外财务报告等信息披露不认可或者不完全认可，双方结论不一致，从侧面可以看出外部注册会计师可能保持了自身的独立性。赵子夜（2014）并未给予明确定义，直接使用独立董事清洁意见来形容在关联交易当中，不含独立董事否定情感的独立董事意见。

二、委婉履职

内部人控制带来的巨大的客户压力和目前法律法规体系带来的监管压力使得独立董事在权衡出具否定意见的成本和不作为成本之后，在清洁的意见中通过区分文字情感来传递信息，既在一定程度上避开了监管压力，又不违反客户意志，这种通过促进信息的流动来履职的方式称为委婉履职的方式。赵子夜（2014）使用了"圆滑履职"一词来解释独立董事的这种履职方式，Muth 和 Donaldson（1998）认为圆滑的履职也符合成员理论，即独立董事来自公司外部，作为公司成员，不断地出具否定意见来问责将使其行权连续性中断，尤其是管理层对风险高但有战略价值的项目进行提案时，独立董事往往就会在出具这类问题的对外意见时选择相对委婉的方式。

三、"有功"型和"无过"型文字情感

文字情感就是文字通过图形、内容等传达出的作者或者说话人的情感信息，并且能够进行相应的测度。文字存在形式从简单的图形、符号、孤立的轮廓或者线条，发展为一种无形的载体，存在形式的转化也使得文字成为人类感知未知世界、传递内心情感的不可缺少的工具。

词语"有功"取自汉代范晔《宦者传论》中"利涉大川，往有功也"，含有功劳、有功绩之意；"无过"一词最早取自《左传·宣公二年》中的"人谁无过，过而能改，善莫大焉"，是指无过失之意。两种文字情感意见产生的情景如下：其一即为关联交易事实真实、合法和有效，着实有利于公司发展，有利于中小股东利益，此时独立董事都会保持其应有的独立性选择客观履职，反映关联交易实质，出具的意见中可提炼出"有

功"的文字情感;反之,独立董事对外出具的关联交易意见可能不是完全真实、合法和有效的,可能有所隐瞒又有不愿承担责任之嫌,只求无过失,意见中可以提炼出"无过"的文字情感。

学者也从不同角度研究文字传达出的情感信息。从文字最初的形态出发,漆克(2007)研究文字图形设计,旨在搭建作者和受众之间情感交流的虚拟平台,卢杰(2008)侧重于技术领域的研究,试图通过发现相关的技术来识别、分析文字情感,而本篇在文字情感的测度方面,鉴于中文的财经情感词典尚在构建和测试中,最终通过人工逐条阅读所有A股上市公司中独立董事出具的所有关联交易意见,通过关键词的识别提取了"有功"型文字情感和"无过"型文字情感两种情感意见,整理删选国泰安数据库2015年所有董事会关联交易意见3000余条,但其中仅有1条关于关联交易事项的否定意见和1条无法表示意见,其余条目全部为清洁意见,可见独立董事自身更倾向于避开出具敏感的否定意见,而采取相对比较委婉的履职行为区分清洁意见中的情感,这也是大多数文献研究独立董事履职有效性的原因。正如俞伟峰等(2010)形象地总结,"不求有功,但求无过"是独立董事的履职行为的标志性特点。

第四节 研究方法

本篇内容主要采用了两种研究方法,以传统文献研究方法梳理总结相关的文献资料,以数理统计的方法进行实证分析。文献研究方法利用图书馆论文数据库资源以及独立董事意见相关的期刊、书籍、网站,查阅相关的文献资料。目前国内、国外的学者针对影响独立董事意见文字情感模型的建立及应用等方面因素做出了探索性的研究,这些成果不仅为本篇的研究提供了理论基础,而且基本定位了该领域学者研究的关注点,本篇在吸收诸多学者关于独立董事意见的研究成果的基础之上,试图构建个体—环境影响因素模型。数理统计法是在国泰安独立董事意见库取得原始数据，包括独立董事关联交易意见、独立董事自身特征、公司治理相关的指标，进行一系列的剔除筛选和整理标注，再借助于统计学中的分析软件对最终数据进行专业化的描述分析和逻辑回归等相关处理，验证变量间的相互影响和相关关系的假设，并得出相应的结论。

第五节　内容框架

我国法律规定，独立董事有忠实履行职务的义务，并对其具体的监督职权进行了详细的界定。独立董事的履职行为的实施主要是依靠对独立董事的议案出具意见，目的是向信息使用者传达公司利益是否受到侵害的信号，而在实践中由于各种原因，独立董事并不出具完全反映客观事实的意见，本篇选择了所有关联交易的清洁意见作为基础数据，从中区分出独立董事的文字情感，来量化其委婉履职行为的表现，而当前面临的问题是信息使用者无法准确理解当前上市公司独立董事意见背后的文字情感，本篇尝试着打破原来仅仅依靠否定意见和清洁意见粗略判断公司的关联交易行为的习惯，从文字情感的角度来分析独立董事的履职行为。

本篇技术路线图如图1-1所示，内容分为六个部分，共五章，概括如下：

第一，在当前语言转向的趋势下，以山东新能泰山发电股份有限公司2015年出具的两项不同文字情感的清洁意见为例，旨在引出独立董事意见分析的必要性，并提出如下问题：为何独立董事对关联交易行为选择委婉出具含不同文字情感的清洁意见而非否定意见？影响因素有哪些？影响因素中哪一项或者哪几项影响最为显著？

第二，在独立董事清洁意见、委婉履职以及"有功"和"无过"两种文字情感的核心概念及其内涵的基础上,详述本篇在理论和实践两方面的研究意义、两种研究方法、内容框架以及可能的创新之处。

第三,针对所要研究的核心问题来梳理以往学者的观点,从独立董事履职行为有效性、影响因素以及履职方式三部分进行相对简要系统化的综述,并对当前已有成果进行简短评述,最后在现有的成果基础之上开展研究。

第四,对独立董事的委婉履职行为的机理分析,从成本效益角度分析其履职路径,并提出对两种文字情感的定量测度,然后根据行为决策理论对影响独立董事出具含两种情感的清洁意见的影响因素,在从个体和环境两个角度进行划分的基础上,从宏观、中观和微观三个角度构建影响独立董事意见中文字情感的切面模型。

第五,采用回归分析的方法对各影响因素进行测度,并提出相应假设,对影响独立董事意见中文字情感的切面模型假设进行实证设计和验证。

第六,得出结论,并最终提出相应建议,判断是否有助于最初设计的研究目标,最后进行研究展望。

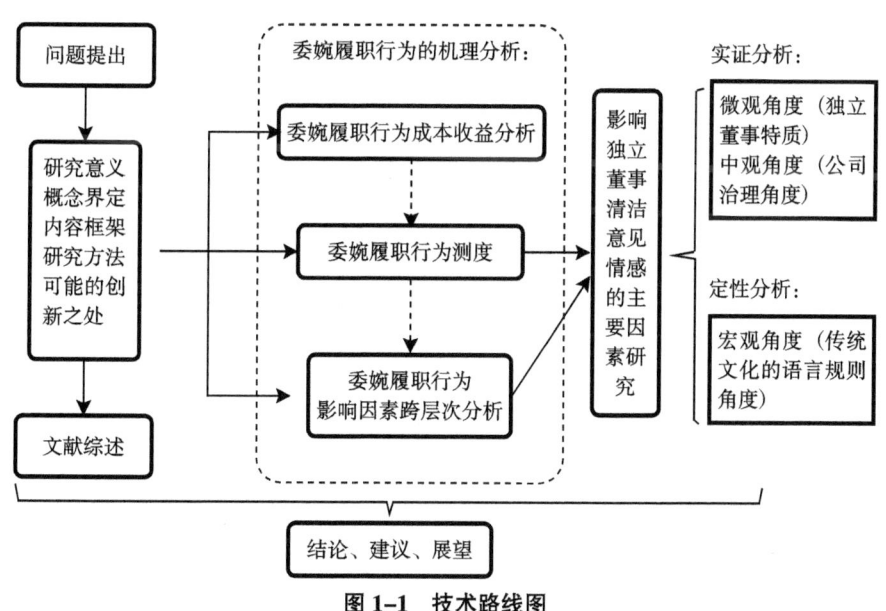

图 1-1 技术路线图

第二章 文献综述

第一节 独立董事履职行为的有效性

从理论角度上讲,独立董事制度的建立主要是为了处理两类代理问题:一方面针对第一类代理问题,保护全部股东的利益;另一方面可以降低大股东强势控制权和操纵公司提案,保护中小股东的话语权,即为第二类代理问题服务。在我国的企业实践中,面对控股股东滥用权力、职业管理者掌权以及中小投资者权利受侵害的问题,监管部门也试图通过独立董事的有效履职行为提升监督效力。而不管在国内还是在国外研究领域,热点始终围绕在独立董事履职行为有效性上,学者观点差异较大,但可以总结出目前出现的三种观点:基本有效观、有限有效观和无效观。

第一种观点的相关研究主要有:Jensen 和 Meckling (1976) 认为,独立董事的有效履职会减少因股权问题导致的企业市场估价的跌落。Fama 和 Jensen (1983) 认为,独立董事履职行为的实施,可以有效降低居于强势地位的大股东和管理层合谋的概率。朱慈蕴和金明义 (2002) 认为,独立董事制度的引入可以促进董事会内部制衡，增加投资者对公司的信心，最终提升公司的声誉。张学武（2003）进一步认可了独立董事的作用和积极影响，补充了独立董事在克制内部人控制方面的相关研究。

第二种观点的相关研究主要有：巴曙松（2001）指出，独立董事履职在一定程度上能够较好地提高董事会效率，保护中小股东权益。但要使其真正发挥作用，不仅要解决独立董事的激励、选拔、独立性等问题，还要对独立董事的精力、监管中信息不对称等问题进行多角度的考虑。鲁桐（2002）指出了时间和精力有限及信息不对称、薪酬机制和社会环境等因素可能导致独立董事履职的低效率其至无法发挥应有的作用。

第三种观点的相关研究主要有：喻猛国（2001）指出，我国企业治理中的内部人控制与英美等国的情况有根本的差异，认为在我国的特殊环境下，不能达到英美国家独立董事履职行为的效果。于东智和王化成（2003）的观点是，外部董事本身缺乏的独立性是其最重要的履职条件，也是制约其履职行为有效性最为显著的因素。

具体到独立董事履职行为对上市公司绩效的影响，相关研究很多，由于选取绩效测度指标的不同和研究角度的差异，最终也出现了截然不同的研究结论。认为两者存在正相关的研究有：Osenstein 和 Wyatt（1990）认为，增加独立董事的人数可以提升股票的价格，并计算出了两者的对应比，这从侧面反映出独立董事履职行为对公司估值有一定的积极作用。杨洁等（2004）通过对医药行业的公司数据进行分析也证明了上述观点。认为二者存在负相关的研究有：Yermack（1996）将托宾 Q 值作为研究独立董事占比和公司业绩分析的中介变量，最终得出二者的负相关结论。高明华和马守莉（2002）认为，独立董事履职与绩效指标没有关系，并运用实证分析的方法验证了业绩的增长或下降都与外部董事存在和履职没有显著的关系。

具体到独立董事履职与违规行为的关系研究，具有代表性的是伊志宏和杜琰（2005），他们以我国 20 多个受处分的上市公司案例为对象，不认为独立董事在揭发遏制上市公司违规行为中能起到作用，得出的结论是独立董事履职行为并不理想。

具体到独立董事履职对优化关联交易行为的研究结论也各不相同。唐清泉等（2005）发现，独立董事履职可以防止大股东采用关联方相互间采购、销售等常用的形式甚至重组来损害不知情方利益，因为关联方交易就是大股东掏空现象依靠的主要工具，故独立董事从某种意义上讲能避免股权过度集中带来的大股东掏空的危机。Mark 和 Brian（2005）的研究也得出了关联交易同股权分布情况存在显著负相关的结论，认为通过设立独立董事，并通过其有效的履职行为，在监督关联交易行为方面能够发挥较大的作用。王锦（2007）认为，不应当将上市公司的关联方交易一概而论，而应将关联方交易进一步细分为公允交易和非公允交易，认为独立董事可以对重大关联交易诸如风险高、金额大的关联交易事项提出高质量意见。也有相反的观点，诸如高雷、何少华等（2006）的研究也是针对关联交易的，并将其定位成控股股东的掏空行为，独立董事制度本身对控股股东的掏空行为不能起到监管的作用。吕伟、林昭呈（2007）也指出，我国特有的市场条件不同于其他国家，在防止不公允关联交易和遏制大股东掏空行为上，仅仅依赖独立董事履职是远远不够的，有效性水平并不显著。

第二节　影响独立董事履职行为有效性的因素

鉴于独立董事制度起源于欧洲和美国，几十年的发展历史使得国外学者对外部董事的研究更加丰富，而通过查阅文献发现关于独立董事研究的"半壁江山"都集中在探讨独立董事履职行为有效性问题上，国内外研究基本上认可独立董事作用，其有效履职或多或少地可实现改善治理环境的目的。而本篇重点集中于对影响独立董事出具关联交易意见的影响因素进行分析和探讨，以往文献研究不多，而针对影响独立董事履职行为有效性的因素，从独立董事比例这一数量影响因素到独立董事自身特征的影响因素，国内外的研究相对完善并成体系，本篇通过梳理相关文献，归纳了以下对独立董事履职行为有效性有影响的研究成果。

一、独立董事相关特征影响因素

1. 国外研究综述

首先，绝大多数的研究结果均表明，独立董事的知识、经验和专业胜任能力都有助于公司发展，如提高会计信息含量、减少应计高估、减少盈余操纵、应对财务危机等。Kesner 和 Lamont（1986），Donaldson、Byrd 和 Hickman（1992）两方研究表明，相比于企业内部其他方，独立董事作为外部履职者能够为公司提供更客观的资源支持。Brickly 和 James（1987）的研究结论与上述学者相同，其创新之处在于发现了当公司陷入经营困难时，许多公司更容易意识到独立董事的经验、知识都能对帮助企业度过困难期发挥雪中送炭的作用。Lee Y.S.、Rosenstein 和 Wyatt（1999）的研究更为细致，认为有财务知识的独立董事可以协助公司财务部门，甚至整个公司构筑公司财务板块的根基，使得公司更有效地适应不断更新换代的财务准则和风云变幻的财务市场。同样在财务危机面前，Kalplan 和 Minton（1994）发现，有熟悉金融知识的银行家担任独立董事的公司在应对财务危机时将会更加得心应手，这也是大多数出现或者有或多或少财务问题的公司更倾向于将有银行家背景的人员提名在独立董事之列的原因之一。而 Anup 和 Knoeber（1996）指出，通常有政治、法律背景或者与此相关的从业经验的独立董事，或者是律师和有相应职业证书的董事，会对处于政府管制下公司的经营献计献策，相比于对照组，在面对多样化经营、复杂的决策问题时往往更胜一筹。Brown 和 Maloney（1999）认为，由于独立董事本身是专家或有丰富经验的管理人员，理论上可以采取多样的方式，如提供建议和咨询的方式来提高董事会的运作效率，这与 Johson（1999）的观点不谋而合，具有行业专长的独立董事可以站在独立性较高的角度，在战略层面进行统筹，他们都认可专业知识及能力可以提高独立董事履职行为的有效性。Bedard（2004）和 Xie（2003）等用盈余管理这一变量测度的结果表明，有过财务学习经历的独立董事可以在一定程度上抑制管理层多余盈利操纵的动机和过程，督促其调整重心在合规决策上。Bryan（2004）的研究是定位在审计委员会的组成人员中，发现当其中含有有过财务学习经历的董事时，整个公司会具有更高质量的会计信息，较少有利润操纵现象发生。除此之外，Arthur（2004）认为经过专业学习的独立董事也会影响重报的概率。综上所述，独立董事的专业背景在一定程度上与履职效力有关。

另外，独立董事人数和独立董事比例两个类似因素的相关研究也很多，学者们也持不同的观点，并得出了不同的结论。Gilson（1990）认为，许多公司会在经营不利的情况下，增加本公司独立董事的人数，使其临危受命，最终达到改善公司现状、克服当前经营危机的目的。但 Kesner 和 Lamont（1986）、Donaldson 和 Davis（1994）的研究结果相反，认为在防范监督公司舞弊行为方面，独立董事履职行为并不有效，未发挥其应有的作用，部分研究结果也得出，聘请的独立董事越多，反而监督效率会越低，公司内部发生的舞弊行为得不到本该很有效的监督，部分独立董事履职行为无效，成为不作为的"花瓶董事"。

2. 国内研究综述

国内对于履职行为有效性影响因素的关注集中表现在以下两个角度：第一，专业背景。毛志忠（2012）发现，在中国本土环境下，具有财务背景的独立董事人数越多，越能有效抑制企业舞弊现象的发生；魏刚等（2007）指出，在政府和金融行业从业过或者有类似背景的独立董事通过有效的履职行为，对企业改善业绩有显著作用；曹伦、陈维政（2008）用违规受到处罚的公司作为测度独立董事履职行为是否有效的解释变量，认为独立董事组成人员中由适当数量的专业人员参与，可能会有效减少企业违规遭受处分的频率。第二，独立董事比例。具体而言，王跃堂等（2006）认为，同一行业内部，状况基本相同的两家企业相比，企业的董事会中独立董事占比越高，这家企业以盈利水平为标志的经营业绩就越好；刘海运（2007）用销售收入变量作为测度公司业绩的指标，验证了独立董事占比越高，销售收入越高，归根结底也是经营业绩好的表现；叶康涛等（2007）认为，足够数量的独立董事，可以相对具备发言权，在抑制大股东占用资金方面的履职行为的有效性水平较高。这明显是符合独立董事产生和设置的初衷的。

从国内外独立董事的比例的动态浮动和发展演进中可以看出，尽管各国都颁布了公司章程的法规，严格规定了独立董事的最低设置比例，但现实中，不同的公司也根据自身情况设置不同比例的独立董事。美国董事会构成中独立董事呈现逐渐增多的趋势，从20世纪80年代2~3人的独立董事，发展到如今平均八人以上的独立董事数量。而相比之下，因为起步发展较晚，中国独立董事占比仍然偏低，但也在不断发展完善中，中国证券监督管理委员会从2002年开始规定董事会成员中需包含多于两名独立董事，发展到2003年规定占比大于1/3，能够得出独立董事必有其存在的必要性的结论。而学术界关于独立董事占比的研究很丰富，而关于多少独立董事才能够整合为有效能的监督集体还存在不一致的观点，认为在董事会的审计、提名等重大事务和舞弊风险较高的薪酬监督中，应该保证独立董事占足够高的比例甚至是全部。

二、公司治理相关指标影响因素

1. 国外研究综述

从宏观的履职环境即公司治理角度出发，研究股权集中度和公司对独立董事的激励两个因素对独立董事履职行为有效性的文献最多。首先是股权集中度。比较早的有：Mace（1986）等的研究都表明，许多公司的实际决策中，独立董事往往因为受控于内部董事而不能或者不敢挑战强势的内部董事进而去积极地提出自己的意见。Hermalin 和 Weisbach（1998）等的研究更加明确了在股权集中度相对较高的履职环境中，对于一些初创公司或者管理成熟度较低的公司来说，创立团队包括公司经理人依然持有公司大量的股份，具有更多的话语权，外部董事更多地处于被动控制的地位，这种类型的履职环境对于独立董事客观地履职显然是明显不利的，这些学者就用股权集中度测度履职环境，作为影响外部董事做出履职行为决策的指标之一。学术界有一批学者认为，独立董事行为动力的来源是外部的两个激励措施：一个是薪酬激励，另一个就是所谓的声誉激励。前者的代表学者有 Hermalin 和 Weisbach（1998），Perry（2000）等，独立董事作为经济人，有对物质报酬的基本需求，当获得了上市公司高水平的薪酬激励，甚至是股权激励时，其履职行为的有效性更高，可运用自己的专业知识和阅历经验为公司财务、运营等提供更加具有参考价值的意见，真正地发挥独立董事的作用，最终带来效率和管理效益的提高。马斯洛需求层次理论使得声誉激励成为影响独立董事履职行为有效性的又一重要因素，这一因素相比薪酬激励往往是更高层次的追求。研究表明，对于高度发育的声誉市场而言，独立董事履行职责的主要约束力和动力不再是简单的薪酬激励，独立董事更多的是在塑造和维护自身的外部声誉（William & Brown，1996）。"声誉假设"的出现，得益于 Fama 和 Jensen（1983）发现了一种常见的现象，即部分独立董事在未获得理想的报酬或者报酬未达到自身期待的情况下，仍能够努力、客观负责任地履职的现象，通过研究，他们发现内部的一个原因是独立董事更加看重自己的专家声誉，所以选择不与管理层同谋，高效履职；而在变量测度上，研究发现，如果用独立董事的高任职公司数来测度其高声誉水平，这种直观的推理方法往往不成立。正如 Steven N.Kaplan 和 David Reishus（1990）采取实证的方法证明，任职于业绩差、履职环境不理想的企业的独立董事通常被外界认为未能尽心地履行职责义务，因而他们往往不太容易再被聘任为别的公司的独立董事。而早在 20 世纪 70 年代，Mace（1971）采用的是人力资源研究中的问卷设计、收集、调查的方式，在公司可能出现危机的情况下或者说业绩出现明显下滑时，大多数独立董事倾向于选择"明哲保身"，选择个人成本较低的辞职方式来保护他们自己的声誉，离开管理混乱的公司，而不是去挑战比较强势的公司管理者，而辞职成本超过可以承受的限度时，可能有挑战职位权势的迹象和行为发生,但最后往往迫于压力以辞职告终。William 和 Michael (1996) 的实证研究也验证了前面学者的论述,在一定期间内如果出现较多的独立董事辞职变更行为的,则这些公司的业绩表现往往相比同行业的竞争对手而言更差。

2. 国内研究综述

同国外研究类似,首先,关于股权结构或者股权集中度影响因素。吴淑琨 (2004) 的研究设计了两个变量测度股权集中度:一是前十大股东中除第一大股东之外剩余的股东持有股份占比,二是公司法人股的占比,当两类持股比较集中时,就表明股权集中度较高,在这种情况下,大股东权力集中而且缺乏制衡,独立董事需求计划的制订、聘用和履职行为的整个过程都会受到负面的影响,从而削弱独立董事履行监督责任的能力。

其次,国内关于激励理论与独董行为决策的相互结合的研究也有很多。谭劲松 (2003) 创新性地提出了两个变量的 U 形关系,即独立董事的薪酬与履职行为的效率二者更接近正态关系,激励有个正态峰值,激励不足会使得经济人假设下的独立董事缺少履职动力,如果公司给独立董事的薪酬明显偏高,独立董事受到公司内部的牵制,独立性水平下降,最终也会影响独立董事履职的有效性,得出明显不符合客观事实的结论。简宇寅 (2006) 从选择就职的视角,肯定了薪酬激励的促进作用的存在。陈宏辉和贾生华 (2002) 的研究比较了薪酬激励和声誉激励两种方式,而后者的激励作用更加显著,得出对独立董事的激励应该以声誉激励为主、以薪酬激励为辅的政策建议。

最后,信息的影响也是相当多学者十分关注的内容。罗党论、唐清泉 (2006) 的调查显示,通过分析所有影响有效履行职能的因素发现,信息是不容忽视的重要因素。独立董事能够有效履行好职能的前提主要体现在对信息的收集和理解上,作为独立于公司的第三方,与公司管理层相比,其对公司管理情况的了解程度处在很低的水平,了解和获得公司信息较困难,因此需要更多地在信息的获取、收集和理解上进行投入,这是更好地履职的一个必不可少的前提条件。叶生洪和王成慧（2002）更加明确地指出，独立董事从管理层那里捕获大量的以各种媒介形式存在的信息，尤其是从报表中得到的与财务状况相关的内容，这些信息可以以多种形式存在，但信息价值的评估还要依赖于独立董事的职业判断能力。郭强和蒋东生（2003）指出，建立健全企业内的交流机制可以帮助独立董事营造一个更加顺利的履职环境，这种制度环境的完善程度是独立董事有效履职行为的重要前提条件。唐清泉和张迪（2005）实践调研了一定数量的独董，结果显示大部分独立董事认为维持与董事长及内部董事成员良好的沟通和合作的目的是确保关键信息能畅通无阻地流向独立董事一方，因信息的顺利获取有助于其做出积极的履职行为决策。

第三节 独立董事履职行为的实施

为了深层次地了解独立董事的履职行为得以实施的方式和过程，深化对其作用的认识，Pettigrew（1992）提出独立董事履职行为方式主要是通过对内部提案决策的过程体现的。由于无法获得可靠数据，国外独立董事的投票决策行为仍然是一个"黑匣子"，很少有这方面的研究考证。Warther（1998）通过设计三个人董事会投票的模型，采取实验方法模拟独立董事的履职行为，发现独立董事一般会视情况决定是否做出反对表态，通常的行为表现是不会采取投递反对票的行为，而当业绩极其不乐观时，外部董事可能对提案投出有实际价值的反对票，甚至提议变更公司管理层。

我国法律强制要求上市公司对外披露独立董事意见的规定，吸引了大量学者研究独立董事意见的产生过程，即独立董事履职行为实施的方式。叶康涛等（2011）就是依托企业被硬性规定披露的有效信息，试图打开董事会决策过程这一"暗箱"，揭示独立董事履职行为的实施细节。

他们的研究首先发现了与以往学者同样的结论：普遍情况下，独立董事对公司的提案不会明确表现出不同的看法，但是，当公司业绩不佳甚至出现负利润时，独立董事一改以往委婉的履职行为方式，表现出直接质疑管理层的行为。并且研究发现，有提出质疑态度的独立董事所在的上市公司市场价值明显优于其他公司，这一发现有一定的研究启示和内在价值。

第四节 小结

综上所述，以往大多关于独立董事的探讨都集中在其监督效力上，具体到对履职行为有效性影响因子的探讨不多，总结与本篇研究相关的国内外文献得出，专业背景知识、与股东或者高管关系、信息沟通、股权结构、各种形式的激励，声誉假设、独立董事比例等因素，都会影响独立董事的履职行为，即出具何种意见，被解释的往往是当前绩效、关联方相互间不合理的交易和重组，以及受到监管机构处罚的违规行为等方面，对独立董事履职行为实施的研究是借助于独立董事意见库中的数据，但研究的内容多集中于否定投票行为，很少研究出含有不同文字情感的清洁意见的履职行为。

第三章 独立董事委婉履职行为的机理分析

第一节 独立董事委婉履职行为的成本收益分析

我国独立董事制度从陆续推行到发展完善的实践过程给我国独立董事各个方面的研究提供了宽泛的视角,我国《关于在上市公司建立独立董事制度的指导意见》明确规定了独立董事的权利范围,例如提名董事的权利,任免董事的权利,对重大事项以意见的形式表态,诸如大额借款、担保和重要性较高的关联交易事项等。《上海证券报》指出,独立董事职能框架体系中最首要的是其对上市公司经营运作的第三方监督职能,而监督的对象排在最前面的是公司的重大关联交易和信息披露。因为关联交易通常被看作大股东掏空行为的工具,所以本篇就是依托关联交易意见信息分析经济人假设下的独立董事的委婉履职行为路径:

狭义的成本效益分析是经济学决策中常用的一个方法。成本收益分析法,顾名思义,就是指一个经济体在选择最有利经济决策时采取的一种分析方法,通过分别评估成本和收益来选择决策方案。效益的产生必会带来一定的成本支出,这种办法常常被应用在政府部门关于投资计划项目的决策之中，通过比较项目预计合计成本和合计效益的孰大孰小来评估一个项目是否值得推进以及项目能够带来的预估价值，以期在所有可操作方案中，通过集体决策等各种方式，选择成本低而受益高的预选方案并达成一致。

而广义的成本效益分析被广泛应用在几乎所有的行为决策之中，作为"理性经济人"的独立董事在出具关联交易意见过程中，也存在成本收益分析的心理和行为认知的过程。当公司的关联交易对股东和公司经营有利时，独立董事往往会出具含"有功"型文字情感的清洁意见，意见中多含有"有利于"等词语。当关联交易对股东和公司经营无害时，独立董事往往承受着来自监管方和管理层的双重压力，就会进行成本效益分析：一方面权衡离任现职的三方面因素，主要有离任后的直接损失和现在所处位置的重要性以及当前报酬在自身目前个人或者家庭总收入中的重要性；另一方面会权衡就任新职的收益，以及新职位的可获得性，如果离任旧职成本大于就任新职收益，独立董事往往会选择留在现有公司，并出具一种"无过"型的清洁意见，委婉地表明对本项关联交易的态度，而成本小于受益的结果是主动辞职，这就是用成本收益分析法刻画独立董事委婉履职行为路径的核心部分。而当此项关联交易不真实、不合法甚至存在舞弊的风险较高时，公司往往会陷入危机中，独立董事为保全自身以往的声誉水平，选择辞职，即使最终留在现有职位，也往往是迫于管理层的压力，违背了其意愿，之后也会离开现有职位。

图 3-1 为独立董事委婉履职行为成本收益分析流程图：

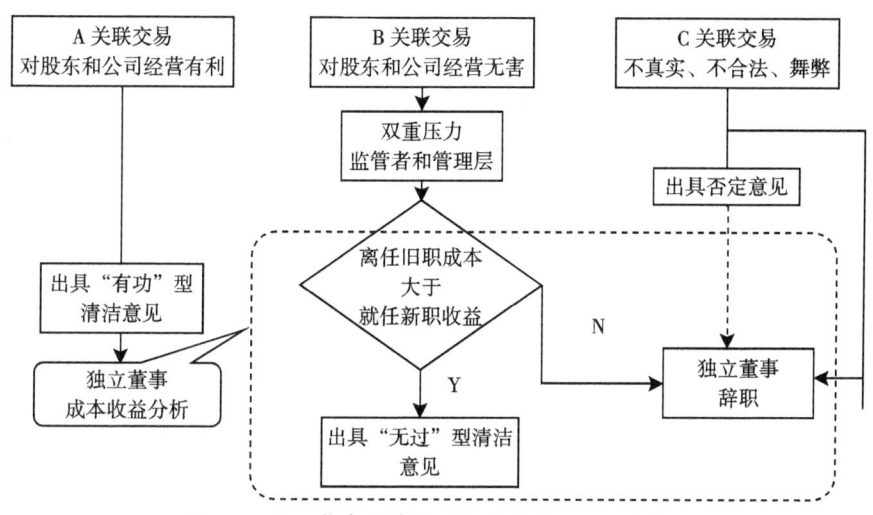

图 3-1 独立董事委婉履职的成本收益分析流程图

第二节 独立董事委婉履职行为的测度

本篇将独立董事在对待关联交易问题上避开否定意见，选择通过出具含两种文字情感的清洁意见的行为界定为独立董事委婉履职行为。而通过观察独立董事意见文件发现，第四项对关联交易出具的意见比较容易界定文字情感，那么，我们将能够在清洁意见中看到被独立董事否定，但迫于压力而出具清洁意见的样本。表 3-1 是关联交易事项的两个清洁意见，要完成独立董事委婉履职行为的量化工作就是要测度清洁意见包含的积极和消极的文字情感，可见，积极情感之所以被定义为"有功"型情感是因为在意见的表述中运用了"有利于"等类似的词汇，情感值要高于独立董事仅仅追求无过，而消极地出具了包含"不存在"等系列词汇的清洁意见。在操作可行性方面，只需对所有有效样本进行人工阅读并逐条地删选即可完成区分清洁意见中文字情感的工作。

为使表述更加清晰，清洁意见中"有功"和"无过"情感界定如表

3-1 所示：

表 3-1　清洁意见中"有功"和"无过"情感界定

	"无过"（消极）	"有功"（积极）
关联交易意见 文字表述 ↓ 关键情感词 提取	本关联交易不会对公司持续经营能力造成影响，不会影响公司未来财务状况、经营成果，也不存在损害公司及投资者利益的情形，我们同意该项关联交易	上述关联交易有利于公司降低制造成本和投资风险，扩大生产能力，对公司经营发展有积极影响
	不会对……造成影响 不存在 不影响	有利于 对……有积极影响

第三节　独立董事委婉履职行为的影响因素

一、影响因素理论依据分析

行为决策理论是本篇内容分析的理论依据，20世纪50年代，阿莱斯悖论和爱德华兹悖论提出之后，包含有限理性模型和社会模型两大主要组成部分的行为决策理论相继出现。有限理性模型是指人由于受决策时间、可用资源包括信息情报以及认知能力等方面的限制，做不到完全理性，也并非毫无理性可言，而是介于两者之间，这通常被称作有限理性，倾向于选择风险较小的方案，行动上放弃收益最高的最佳方案，退其次只求满意的结果，在社会复杂多变和激烈竞争的大环境中，决策的最优标准只能蜕变成一种无法实现的理想假设，却很难实现。这个模型是该理论的主要理论模型。行为决策理论的另一个模型是社会模型，也被称作社会心理学模型，也是本篇引入宏观影响因素的重要理论依据，该模型主要提出了社会因素这一影响决策者行为的重要方面，具体讲可以是一种来自于社会的无形的压力，也可以是根深蒂固的本土文化导致的惯性行为，这些都会使得决策者不经思量地按照文化的传统产生带偏差的认知，采取武断式的行动，最终使得决策者做出并不符合客观情况的结论，采取不理性的行为方式。

Ward Edwards（1961）将行为决策理论形象地概括为信息处理过程和决策者心理过程的结合，心理过程中包含决策者的动机、态度和期望等组成要素。微观层面的因素就是决策者个体因素，包括能力、经验、认知、态度等方面。除此之外，决策者在做出行为判断和选择行为方式的过程中很大程度上会受到环境因素影响，这些因素可以来自组织内部，也可来自组织外部，可以简言之为中宏观层面的环境因素，包括相关的信息条件、组织环境、组织机制等方面，这些都会对独立董事履职行为产生潜移默化的影响或直接影响其原本客观的认知和判断，进而做出与此相应的履职行动，实质上可以归结为决策者的一项判断和选择信息处理过程。最终，需要判断出履行何种职能行为，大多数情况下，决策者是明晰所选择的有无作为的行动后果并为其负责的。因此，该理论将社会因素影响决策者判断的事实延展成环境的因素。Ward Edwards 的观点以及 Kahneman 和 Tversky（1979）提出的个体行为决策模型框架，与上述观点有一定的相似之处，认为独立董事的整个履职过程受到三个维度因素的影响，并将整个决策过程划分为决策编辑和决策选择两个阶段：第一阶段侧重于识别所有可行方案并对所有方案的优劣做一个相对系统的分析，得到一个完善成形的方案构思框架图；第二阶段侧重于得出选择结论，不论方案的选择如何，基本可以将选择结果定性为决策者的两种态度，分别为有作为和无作为，而且决策者自身也明晰这种选择方式的态度和应承担的责任后果。以上述表述为基础绘制如图3-2所示的前后两阶段行为决策过程图。

而在现代公司治理实践中，独立董事依托个体的职业能力、知识框架和以往从业的阅历经验，沟通获取收集有价值信息，最终通过出具董事意见做出相应履职行为的过程，实质上就是一项完整编辑决策和选择决策的过程。在此过程中，独立董事需要综合考虑各种内外部条件，而

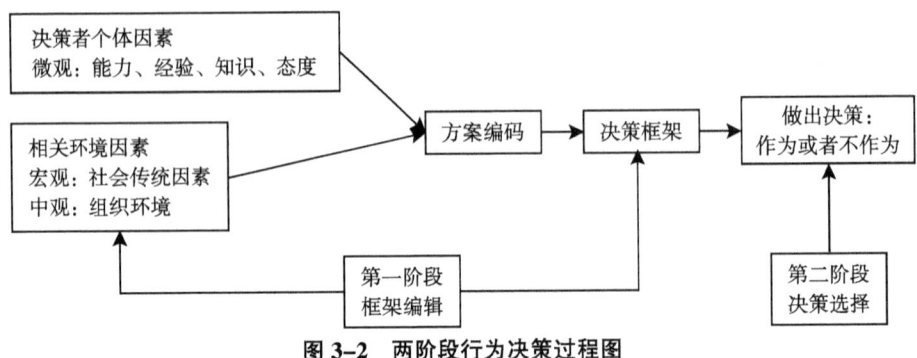

图 3-2 两阶段行为决策过程图

文化传统和整个企业组织的治理环境都会影响其判断和履行何种职能行为。因此，独立董事履职行为实施前的过程用行为决策理论来诠释和说明在情理之中。

二、影响因素的跨层次分析

本篇总结影响独立董事委婉履职行为的因素主要依赖于以往研究所探讨的关于履职行为的影响因素，然后将诸多影响因素总结归类，提炼梳理成一套跨层次的分析模型。为了更加形象地列示三层因素的空间分布，构建了如图 3-3 所示的切面图形，最外层的宏观切面主要是基于本

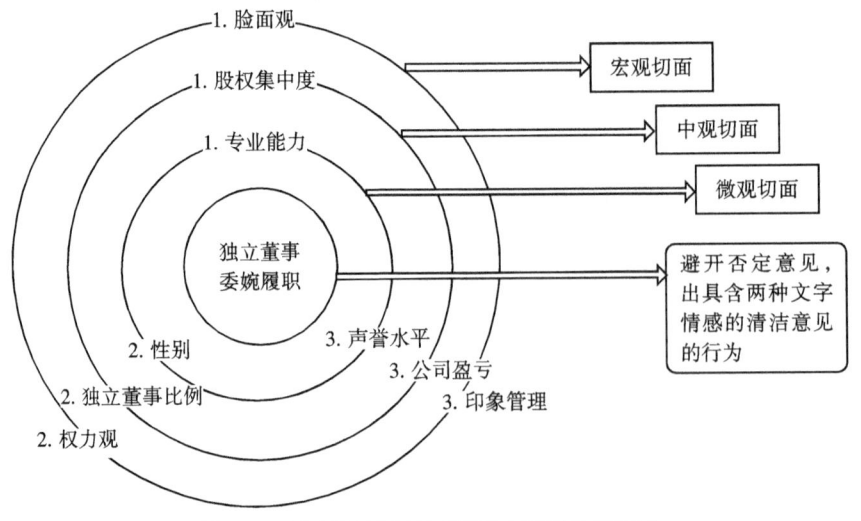

图 3-3 独立董事委婉履职影响因素的切面图

土语言规则的三个因素,中观切面是公司治理层面的因素,微观切面是独立董事自身的特质因素,试图通过三层切面因素探究影响独立董事履职行为的委婉属性特质。

1. 本土语言规则宏观切面分析

影响独立董事出具包含两种文字情感清洁意见的外部宏观因素很多,而这种委婉的履职行为在宏观切面,本质上是受到本土的语言规则的影响,根据行为决策理论的社会模型所述,社会文化是影响决策人行为方式的关键因素。所以,独立董事对关联交易大多并未表现出否定态度,而是选择委婉地出具含两种情感的清洁意见的行为,归根结底,离不开传统文化下语言规则的影响。

受传统文化的影响,中国本土的语言规则呈现出委婉、不直接的特点。即使交际过程并不复杂,人们也会惯性地使用含蓄委婉的方式表达原本明确清晰的观点,而这种语言规则或者语言习惯是传统文化在人们的认知观念中根深蒂固的结果,突出体现在脸面观、权力观和印象管理三个观念。

(1) 中国人语言规则中的脸面观。

台湾学者翟学伟(2004)较早详细地讲述了脸与面的内在语义,论述了中国本土化的脸面观。明恩溥(2011)认为"脸面"是中国人的第一性格。在表述中国社会特征的词语中,"人情"二字必不可少,人们行为处事讲究人情,讲究给他人和自己脸面,重视亲戚、朋友、校友关系,重视和睦相处,为了所谓的"脸面情节"、所谓的人情关系,甚至无视规章制度,做出违反在该职位上本该有的制度原则的行为,甚至身份地位越高的人,自身的脸面观念越浓重,也往往因他人顾及其脸面和身份地位,其自身行为更加缺乏约束。而在现代公司的治理中,管理层直接负责公司重大事项并对保证经营效益的目标有着不同于其他参与方的不可推卸的责任,而对身居高位的管理层的监督基本都依赖于外部的独立董事,虽然有时独立董事受雇于股东或者董事会,与管理层并无直接利益关系,但因顾忌高管脸面,在脸面观的影响下形成一定的语言规则,对某些关联交易委婉地出具独立董事意见，反而减弱了自身独立性，因意见的不客观性，最终导致上市公司在不同程度上损害了中小投资者的切身利益。

（2）中国人语言规则中的权力观。

翟学伟认为，日常权威在中国社会中普遍存在，而语言规则中的权力观，起源于人们非常讲究的等级辈分。因此，一个人的年长和年幼，学历的高和低，经济地位的高和低，师长和学生等都被约定俗成地区分开来。独立董事和管理层形式上是监督与被监督的关系，但就职位权势而言，管理层的职位权势往往更加突出，而按照儒家礼节，出于尊敬对方的需要而讲出不符合客观事实的言辞，做出刻意恭维权势者、无视其不正直表现的行为，独立董事面对可能存在舞弊意向的管理层时，也或多或少地受到无形的权力观的影响，发生冲突时不能正面地谴责，出具客观的独立董事意见又变得十分困难，因为作为第三方的独立董事的权威性较之管理者明显处于劣势。

（3）中国人语言规则中的印象管理。

虽然中西方在语言规则中都有印象管理的原则，但由于文化的巨大差异，导致中国人在沟通中习惯采纳自谦并尊重他人的言语规则，而外国人则习惯采纳认可自身努力的语言规则。库利（Coolx，cH.）曾提出"镜中之我"的观点，将他人比作镜子，通过镜子人们方可以了解自己。中国人印象管理的主要表现是尽量增加赞扬类词汇，把话语呈现得更好一些，怀着试图诠释角色的动机，在他人心目中留有一个良好的印象。因此处于弱势地位的独立董事对公司关联交易事项做出履职行为，即出具意见的过程中往往也会在无意中进行了自我的印象管理。

传统文化的语言规则的影响不容易量化测度，更倾向于定向的描述，但它是研究独立董事委婉履职行为的影响因素中不容忽视的一个宏观因素，传统文化使得独立董事出具清洁意见时采用何种语言规则受到脸面观和权力观这些潜在因素的影响，迫于管理层无形的权势压力，独立董事只能遵守相对委婉的语言规则，又经过印象管理采取"不求有功，但求无过"的履职方式。

2. 公司治理环境中观切面的分析

首先,上市公司的股权结构状况是独立董事履职环境的一个衡量指标,一般借助于股权集中度进行测度。以往同行业公司的一系列比较研究显示,总股数基本一致的条件下,国有股、发起人法人股二者比例越充分时,流通股和募集法人股就会越稀薄。而此时股权结构往往呈现高度集中的不平衡状态,独立董事履职环境相对困难,一是鉴于内部董事相对强势,二是发起人法人职位权势较高,这些都是股权集中的表现形式,都是独立董事履职行为委婉不直接的根本原因。而我国政策上一直致力于通过提高上市公司重组和股权结构变动效率,适度降低国有股占比,推进股权分散制度政策,鼓励股权证券化和公司的流通股比例,这都有利于优化独立董事的履职环境。

其次,如前所述,股权结构更多地体现了制度政策的要求,可以说是外部的制度环境因素,而独立董事比例则是内生变量。当前基于独立董事比例的董事会结构类型有四种,分别为极端模式、英国模式、美国模式和德国模式。四种模式的独立董事占比呈现递增的趋势,极端模式是董事会被管理层覆盖,没有外部董事的状态;英国模式因为少数独立董事凭借排他性的素质和能力,抑或靠自身的社交关系资源而形式上被任命为董事并列入董事会名单中,但主要表现还是这些独立董事能够代表大股东的利益;美国模式中独立董事占极高的比例,甚至组建了审计委员会加强监督效力,其组成人员全部来自独立董事成员,来防止多数独立董事只代表一部分股东利益的现象发生,保障董事会的独立性;德国模式成立了全部外部董事构成的监督董事会,区分与管理层成员构成的管理董事会,这种分设理念是为了通过类似匿名投票的方式实现独立监督的外部化。

通过上述各国上市公司独立董事比例这一内生变量,可见各国需要"因地制宜"且不容忽视,要试图提升独立董事的履职有效性,依靠抬高独董比无疑是看似可行又相对简洁可操作的方法,然而因此就鼓吹和不理性倡议向国际机制靠拢，不设上限地提高独立董事比例或者设置双层董事会等类似观点，显然是盲目追风的不可靠行为。因为试图不顾及股权状况，简单增加独立董事比例去遏制上市公司内部控制局面并不可行，股权分散的情况下，独立董事比例的增加能够取得一定的履职成效；在股权集中的情况下，不仅出现增加代表中小股东的独立董事数量遭到强烈反对的不稳定现象，甚至出现经理人操控独立董事名单的现象，即任命大多数支持自己决策的人担任审计委员会成员。所以，作为内生变量的独立董事比例设置的条件是：在股权结构相对完善的前提下，增加独立董事比例将会改善独立董事弱势地位的现状，影响独立董事履职职能的发挥。

最后，当上市公司经营中发生困难，出现亏损或者财务危机甚至资不抵债的情况时，企业往往会真正意识到独立董事的存在意义，特别是有经验且专业能力强的独立董事，希望通过聘用独立董事并通过其履职能够使公司度过困难时期，克服危机。而相对于处于正常盈利水平的公司，担任亏损状态公司的独立董事其履职行为也会表现出差异，因此盈亏状况是表述公司环境不可或缺的相关变量，也是中观影响因素中的一个较理想和具备可操性的分析视角。

综上所述，中观层面的三个重要性水平较高，具有理论和实践意义的影响因素依次为股权集中度、独立董事比例、公司盈亏状况。一般来讲，股权集中程度处在较低水平，即公司股权越分散，并在股权集中度适宜的条件下，独立董事比例越高，公司急需独立董事负责任履职来改善危机现状和扭亏为盈，这类内部环境都是对独立董事负责履职和激发积极性有利的。

3. 独立董事自身微观切面的分析

独立董事微观切面的研究比较多，首先，集中在其专业知识和能力方面，认为掌握充分的财务常识和法律机理等能力，或者直接获取类似职业资格证书认证过的独立董事能更加胜任和负责任地履职，可能对有效地遏制上市公司的违规行为有所作为，或者提升公司绩效和改善治理环境。而整个履职行为的过程中，这类独立董事更倾向于直接、较为强硬的履职方式，而不是"不求有功、只求无过"的履职态度，对关联交易出具"有功"型清洁意见和否定意见的概率较高，甚至极端到离开现有职位，这些行为表现形式理论上是因为自身的专业常识、阅历经验让这类独立董事相对比较清晰地认识到其应该对所出具的独立董事意见负有多大程度的法律或者道德层面的责任，遇到自身不能承受责任的情况，这类独立董事一般不会抱有委婉履职的侥幸心理。

其次，一方面，女性独立董事相对于男性董事具备先天性细心谨慎的特质和擅长沟通的特点。女性独立董事在进行公司决策时，特别是涉及关联交易的重大决策时，会更加认真地、高度谨慎地收集、整理各方面的信息，然后与管理层进行沟通，会倾向于出具质量较高的"有功"型的意见。另外，有研究表明，由于女性倾向于"权力分享"，反感带有垄断属性的决策方式，往往容易对经理人的高度控制权提出挑战。另一方面，女性本身的特质相对于男性对安全感程度要求更高，有规避风险的倾向，风险厌恶者中女性比例较高，这些都会使得女性独立董事面对风险时更为谨慎，而不是在清洁意见中表达"无过"型的文字情感。

最后，我们可以在实践中或者独立董事意见库中发现，我国法律规定一人可以同时在多家上市公司任职独立董事职务，但这并不意味着兼任家数越多，该独立董事的声誉水平越高。根据声誉假设，当一名独立董事有很高的声誉水平时，当其面对自身责任范围内事务的风险较高时，更倾向于从维护自身声誉出发，采取离开现任公司的方式来规避风险。因此，独立董事担任上市公司独立董事职务的公司数目越多，反而声誉水平越低，大多声誉水平低下的独立董事会选择委婉地履职，出具较多数量的"无过"型的关联交易意见。

第四章 实证设计

第一节 理论分析与研究假设

根据前一章独立董事委婉履职影响因素的跨层次分析结果,对宏观切面的影响因素给予了简单的定性分析,本章将着眼于中观切面和微观切面并对其进行实证的分析验证,首先提出以下六条假设:

首先,上市公司关联交易的独立董事意见往往并不是由一名独立董事出具的,而是由两名或者两名以上的独立董事联合出具的,从出具意见的独立董事小组成员中会发现,小组包含不同数量的女性董事,从零到两名以上不等,也包含不同层次的专业背景,有的小组中含财务专业背景的独立董事居多,有的含法律专业背景的独立董事居多,有的这两类均在小组成员中。由于女性特有的沟通倾听优势和细心谨慎的特质,以及"权力分享"的倾向和风险规避的态度、良好的专业胜任能力都会使得独立董事更清楚关联交易的真实情况,有更强的责任意识,她们往往倾向于出具"有功"型文字情感的意见。

H1:善于沟通和规避风险等特质的女性独立董事的存在,更倾向于

出具"有功"型意见。

H2：有财务或者法律等专业方向出身的独立董事的存在，更倾向于出具"有功"型意见。

其次，根据声誉假设，独立董事任职在公司业绩不好、履职环境欠佳的公司，通常被信息使用者或者其他试图招聘独立董事的公司看作是失职的表现，猜测其没有完全地履行独立董事的职责、改善公司现状，因此这些独立董事不被认可就无法再继续被聘任为其他公司的独立董事。因此，如果关联交易行为违反常态隐含风险，管理层借助这一工具发生舞弊行为给公司带来明显损失，就很可能被猜想为独立董事对其有不真实、不合法的判断结果。大多数理性的独立董事为了维护其声誉水平，更倾向于选择"明哲保身"式的履职行为，选择个人成本较低的辞职来隐含对出具意见事项的态度，而不是出具简单的否定意见去挑战强势一方的提案或者经营决策，除非辞职的成本超过自身的可承受度时独立董事才选择挑战管理层，但往往最后迫于管理层压力以辞职告终，因此实践中不同于直观的感受，独立董事声誉水平与兼任上市董事的上市公司数成反比，自身声誉水平越高，兼任董事的公司数就会越少，出具的关联交易的意见质量就会越高。

H3：独立董事自身的声誉水平越高，兼任董事的公司数越少，更倾向于出具"有功"型意见。

最后，中观切面的三个要素分别为股权结构、独立董事占全部董事会成员的比例和公司盈亏现状，反映股权结构的股权集中度水平越高，以及较低比例的独立董事占比，都会反映出公司的控制环境和独立董事的履职环境不佳，缺少话语权的独立董事迫于内部来自管理层的压力带来的解雇风险和监管方制定的硬性的规则制度约束，往往更倾向于委婉履职行为，选择出具"无过"型清洁意见。而公司处于亏损状态时，或者说深陷包括财务危机在内的重大危机之中的上市公司，反而更大程度地依赖独立董事的经验和专业能力，这种依赖给独立董事更有效地履职营造了适宜的环境，改善独立董事有名无实的状态，激励独立董事提出有建设性的观点,并出具真正反映公司真实情况的意见,这就是出现亏损危机,甚至资不抵债的上市公司的独立董事反而倾向于出具"有功"型意见的内在原因。

H4:公司股权越集中,独立董事履职环境越差,出具"无过"型意见的概率越大。

H5:公司独立董事在董事会总人数中的比例越低,相对弱势位置和缺少话语权使其越倾向于出具"无过"型意见。

H6:处于亏损状态的上市公司的独立董事出具"有功"型意见的概率相对较大。

第二节 数据来源及变量说明

一、数据来源

本文的研究观测值为 2015 年上市公司独立董事出具的所有的关联交易意见,意见未处理前合计 3086 条,意见的文字来自 CSMAR 数据库的独立董事意见库,共包含清洁意见、极少数否定意见和无法表示意见在内所有针对关联交易的意见,考虑到研究需要,本篇对初始的样本数据依次进行以下六个步骤的整理筛选:

(1)剔除在 B 股上市的公司相关的董事意见;
(2)剔除 2015 年被 ST、*ST 的上市公司数据;
(3)剔除对金融类上市公司出具的相关董事意见;
(4)剔除当年报表呈现出资不抵债的上市公司数据;
(5)剔除变量缺失的样本数据;
(6)剔除否定意见和无法表示意见的条目。

上述六类剔除条目相互之间有交叉,按上述六类条件要求并使用

Excel 软件进行筛选之后,得到了共计 2507 条非金融类、符合实证条件且各变量的数据完整的上市公司样本数据,为此后的实证研究部分奠定了基础。

二、变量说明

为了验证上述六项假设,本文选取相应变量进行测度,主要涉及因变量、解释变量和控制变量三大类。

1. 因变量选取

清洁意见中文字情感(BEN)。关联交易意见阐述中用到"有利于"等标志的词语,即认为独立董事对关联交易出具了明显含"有功"型情感的清洁意见,这样的履职行为产生的意见标注为 1,否则为 0。所以抽象的文字情感被量化为哑变量形式的被解释变量,导致回归分析中也选用的是 Logistic 回归方法。

2. 自变量选取

(1)独立董事专业性(IEXP)。当出具一项关联交易意见的独立董事小组成员中至少聘请了一名简历中有专业信息的独立董事则该变量取 1,否则为 0,专业字段中有经济、管理两大类专业取 1,理工类专业取 0,或者职称有注册会计师、律师、仲裁员、审判员、高级经济师、非理工科教授等取 1,反之取 0。

(2)独立董事性别(IFEM)。通过查阅独立董事简介,若出具一项关联交易的意见的独立董事小组成员中至少包含一女性独立董事,则该变量取 1,否则为 0。

(3)独立董事声誉水平(FAME)。我国《关于在上市公司建立独立董事制度的指导意见》规定独立董事最高任职五家上市公司,尽管随着我国独立董事制度的各个方面不断发展完善,体系愈加成熟,我国独立董事多家兼任的趋势在逐渐上升,结果是担任 1 家以上上市公司独立董事职位的比只任职一家的情况表现更普遍。若只任职一家公司的情况,则变量 FAME = 0;反之,若任职超过一家以上,则 FAME = 1。

（4）股权集中度（GQ）。以往文献对上市公司股权结构解释力水平最高的变量是用前几位股东持股比例占前十持股比例的方法测度，不同的研究中的分子采用不同数量的股东，本篇以各上市公司前五大股东占比量化评估公司的股权集中程度。

（5）独立董事的比例（INDR）。相对于独立董事总人数，本篇选取独立董事比例指标，使得数据值更加紧凑，波动性相对较小。

（6）公司盈亏（Loss）。当公司净利润小于0处于亏损危机时，变量取0；反之取1。

3. 控制变量选取

赵子夜（2014）研究独立董事意见情感时，选用了股权性质（STATE）、公司规模（SIZE）以及总资产收益率（ROA）、资产负债率（LEV）等指标作为控制变量。严玉洁（2014）研究独立董事监督行为时，将年龄（AGE）和性别（IFEM）等作为控制变量。本篇考虑研究需求和数据收集的可行性，主要选取两大类控制变量：一类是财务指标，分别用测度偿债能力的流动比率（CR）和资产负债率（LEV）两个指标，反映公司营运能力的总资产周转率（TAT）指标，以及测度盈利能力的总资产收益率（ROA），都是刻画中观层环境的有效指标。另一类是公司治理的指标。由于样本企业规模差异较大，为防止出现资产规模影响实证分析的准确度情况，本篇中以资产规模的对数作为代替，即对总资产数值进行对数运算来代表上市公司的资产规模（SIZE），股权性质（STATE）分国有企业和非国有企业测度，以及盈余管理（RR）指标，因为本篇并非专门研究盈余管理，未采用可操作性应计利润来度量公司的盈余管理水平，简化计量为应收账款占营业收入的比率。

表4-1为上述三类变量的说明表：

表 4-1 变量说明表

	变量名称	变量代码	变量定义
因变量	清洁意见中文字情感	BEN	"有功"型清洁意见取 1，"无过"型取 0
自变量	性别 专业 声誉水平 股权集中度 独立董事比例 公司盈亏	IFEM IEXP FAME GQ INDR LOSS	包含女性董事取 1，反之取 0 包含专业董事取 1，反之取 0 任职两家及两家以上取 1，反之取 0 前五大股东占所有股东的持股比例 独立董事人数/董事会人数 净利润>0，取 1，反之取 0
控制变量	流动比率 资产负债率 总资产周转率 总资产收益率 总资产 股权性质 盈余管理水平	CR LEV TAT ROA SIZE STATE RR	流动资产/流动负债 负债/总资产 营业收入/平均总资产 净利润/平均资产总额 总资产对数 实际控制人国有为 1，反之为 0 应收账款/营业收入

第三节 实证分析

一、模型构建

本篇的被解释变量在清洁意见中文字情感的哑变量属性决定了在回归方法的选择上采用 Logistic 回归分析的方法，又因为需要验证上述六项假设，检验两个切面的共六个自变量对独立董事出具清洁意见的文字情感的影响，采用层次回归的方法。本篇自变量有两个维度，微观维度变量是独立董事性别 IFEM、专业 IEXP 和声誉水平 FAME，中观维度变量是股权集中度 GQ、独立董事比例 INDR 和测度盈亏的 LOSS 变量，逐层加入一个维度的自变量，最终共构建以下两个层次的六个回归模型：

1. 微观维度自变量和清洁意见中文字情感的模型

$$\text{LogitBEN} = \alpha_0 + \alpha_1 \text{IFEM} + \alpha_2 \text{CR} + \alpha_3 \text{LEV} + \alpha_4 \text{TAT} + \alpha_5 \text{ROA} + \alpha_6 \text{SIZE} + \alpha_7 \text{STATE} + \alpha_8 \text{RR} + \xi_1 \quad (1)$$

$$\text{LogitBEN} = \beta_0 + \beta_1 \text{IFEM} + \beta_2 \text{IEXP} + \beta_3 \text{CR} + \beta_4 \text{LEV} + \beta_5 \text{TAT} + \beta_6 \text{ROA} + \beta_7 \text{SIZE} + \beta_8 \text{STATE} + \beta_9 \text{RR} + \xi_2 \quad (2)$$

$$\text{LogitBEN} = \gamma_0 + \gamma_1 \text{IFEM} + \gamma_2 \text{IEXP} + \gamma_3 \text{EAME} + \gamma_4 \text{CR} + \gamma_5 \text{LEV} + \gamma_6 \text{TAT} + \gamma_7 \text{ROA} + \gamma_8 \text{SIZE} + \gamma_9 \text{STATE} + \gamma_{10} \text{RR} + \xi_3 \quad (3)$$

2. 中观维度自变量和清洁意见中文字情感的模型

$$\text{LogitBEN} = \alpha_0 + \alpha_1 \text{INDR} + \alpha_2 \text{CR} + \alpha_3 \text{LEV} + \alpha_4 \text{TAT} + \alpha_5 \text{ROA} + \alpha_6 \text{SIZE} + \alpha_7 \text{STATE} + \alpha_8 \text{RR} + \xi_1 \quad (4)$$

$$\text{LogitBEN} = \beta_0 + \beta_1 \text{INDR} + \beta_2 \text{GQ} + \beta_3 \text{CR} + \beta_4 \text{LEV} + \beta_5 \text{TAT} + \beta_6 \text{ROA} + \beta_7 \text{SIZE} + \beta_8 \text{STATE} + \beta_9 \text{RR} + \xi_2 \quad (5)$$

$$\text{LogitBEN} = \gamma_0 + \gamma_1 \text{INDR} + \gamma_2 \text{GQ} + \gamma_3 \text{LOSS} + \gamma_4 \text{CR} + \gamma_5 \text{LEV} + \gamma_6 \text{TAT} + \gamma_7 \text{ROA} + \gamma_8 \text{SIZE} + \gamma_9 \text{STATE} + \gamma_{10} \text{RR} + \xi_3 \quad (6)$$

其中，α_i、β_i 和 γ_i 为自变量回归系数，三项均为需要待估的常数，α_0、β_0、γ_0 为常数项，ξ 为误差项。

二、描述性统计

1. 清洁意见中文字情感变量（BEN）的描述性统计

从表 4-2 清洁意见文字情感分类表中可知，2015 年独立董事出具的关联交易意见中，"无过"型文字情感意见 1768 条，约占 70.5%；"有功"型文字情感意见 739 条，约占 29.5%。可见绝大多数独立董事针对关联交易事项的态度保守，履职行为委婉，不求有功，但求无过。

表 4-2 清洁意见文字情感分类表

清洁意见文字情感 BEN	N	百分比（%）
0	1768	70.5
1	739	29.5
合计	2507	100

注：切割值为 0.500。

2. 影响因素变量的描述性统计

从表 4-3 影响因素的描述统计表中可以看出，2015 年有效研究数据为 2507 条关联交易意见，在小组成员中，含女性独立董事的小组与全部为男性独立董事的小组，相对要少；八成以上的独立董事小组中有具备专业背景的成员；89% 的公司处于盈利状态，极少数的公司在 2015 年对外显示处于亏损状态或者深陷财务危机；大约 65% 的独立董事成员在不止一家 A 股上市公司担任类似董事职务；上市公司独立董事占比平均约 1/3，最低约占到董事会全部董事的 1/5，外部独立董事的最高占比达到 70% 以上；在全部的有效研究数据中，由股权集中度的均值指标可以得出前五大股东持有股份占比超过一半的水平，为 53.753%，最低比例是 7.354%，最高比例是 100%。表 4-3 中前四个变量为虚拟变量，极小值为 0，极大值为 1。

表 4-3　影响因素变量的描述统计表

	N	极小值	极大值	均值	标准差
性别 IFEM	2507	0	1	0.440	0.497
专业 IEXP	2507	0	1	0.880	0.326
声誉水平 FAME	2507	0	1	0.650	0.477
公司盈亏 LOSS	2507	0	1	0.890	0.317
独董比例 INDR	2507	0.231	0.714	0.370	0.056
股权集中度 GQ	2507	7.354	100.000	53.753	15.901
有效的 N（列表状态）	2507				

三、相关性分析

表 4-4 列示了自变量和控制变量分别对因变量的相关系数表，两种检验方法得出的相关系数基本具有一致性，初步说明了性别、专业、独董比例与清洁意见中文字情感存在相关性。另外，将自变量和控制变量之间的两两相关性省略，但观察其他变量与变量之间的相关性检验系数表格，可以判断自变量内部、控制变量内部以及自变量和控制变量之间

的相关关系不显著。

表 4-4 变量间的相关系数表

Variable	Pearson 相关		Spearman 相关	
	相关系数	Sig（双侧）	相关系数	Sig（双侧）
性别 IFEM	0.042	0.037*	0.042	0.037*
专业 IEXP	0.057	0.005**	0.057	0.005**
声誉水平 FAME	−0.010	0.615	−0.010	0.615
公司盈亏 LOSS	−0.030	0.129	−0.030	0.129
独董比例 INDR	0.048	0.017*	0.047	0.018*
股权集中度 GQ	−0.005	0.803	−0.005	0.783
流动比率 CR	0.000	0.983	0.000	1.000
资产负债率 LEV	−0.004	0.824	−0.003	0.884
总资产周转率 TAT	0.02	0.311	0.013	0.503
股权性质 STATE	−0.02	0.325	−0.02	0.325
总资产收益率 ROA	0.017	0.391	0.008	0.704
盈余管理 RR	−0.017	0.409	−0.015	0.467
总资产对数 SIZE	−0.007	0.718	−0.003	0.900

四、共线性检验

本篇研究中涉及解释变量数目偏多，为防止自变量之间存在共线性的问题，导致模型结果的可靠性降低，使得回归结果的准确性和稳定性降低，对解释变量实施共线性诊断，结果如表 4-5 所示，结果显示六个自变量和七个控制变量的容忍度（Tolerance）均比 0.1 要大，而方差膨胀因子（VIF）均不超过 3，得出变量间共线属性不强，可以继续进行后续的逻辑回归分析。

表 4–5 共线性诊断结果

Variable	共线性统计量	
	容差	VIF
性别 IFEM	0.991	1.009
专业 IEXP	0.937	1.067
声誉水平 FAME	0.920	1.087
公司盈亏 LOSS	0.995	1.005
独董比例 INDR	0.986	1.014
股权集中度 GQ	0.895	1.117
流动比率 CR	0.898	1.114
资产负债率 LEV	0.773	1.294
总资产周转率 TAT	0.974	1.027
总资产收益率 ROA	0.874	1.145
总资产 SIZE	0.933	1.072
股权性质 STATE	0.990	1.011
盈余管理水平 RR	0.747	1.339

五、回归结果

通过上文提出的六个模型，接下来对被解释变量清洁意见中文字情感变量借助 SPSS 软件进行层次回归分析，逐层添加变量，结果如表 4–6 和表 4–7 所示，表 4–6 列示微观层次变量回归的结果，表 4–7 是中观层次变量回归的结果，由于篇幅限制，仅列示主变量相关系数、显著性水平、标准误差。

表 4–6 微观切面变量回归系数表

Variable	Model 1		Model 2		Model 3	
	B	SE	B	SE	B	SE
IFEM	0.188**	0.089	0.179**	0.089	0.181**	0.089
IEXP			0.391***	0.147	0.432***	0.151
FAME					(0.118)	0.096
常量	(0.387)	0.879	(0.719)	0.889	(0.776)	0.891

注：***、**、* 分别表示变量系数在 1%、5% 和 10% 的统计水平上显著。

表 4-7 中观切面变量回归系数表

Variable	Model 4		Model 5		Model 6	
	B	SE	B	SE	B	SE
INDR	1.905**	0.768	1.908**	0.768	1.828**	0.770
GQ			0.000	0.003	0.000	0.003
LOSS					(0.246)*	0.140
常量	(0.923)	0.917	(0.912)	0.922	(0.833)	0.923

注：***、**、* 分别表示变量系数在1%、5%和10%的统计水平上显著。

从结果中得出：

（1）微观切面的变量中，性别和专业两个变量分别在5%和1%水平上被验证，性别因素在5%水平上显著，专业因素在1%水平上显著，即假设H1善沟通和规避风险等特质的女性独立董事的存在，更倾向于出具"有功"型意见；假设H2有财务或者法律等专业背景的独立董事的存在，更倾向于出具"有功"型的意见，两个假设得到验证。假设H3关于声誉水平与清洁意见的文字情感并不相关，因此并没有显示当独立董事任职公司数越多时，其自身的外部声誉水平越低，更倾向于出具"无过"型情感的意见。

（2）中观切面的因子中，独立董事占比呈现两颗星水平的显著，所以假设H5公司独立董事占比小的情况下，弱势地位使其更倾向于出具"无过"型意见可以验证成立，而公司处于亏损状态时，公司需要独立董事的专业能力和经验来改变现状，因此独立董事更倾向于出具"有功"型意见的假设H6也是成立的，关于股权集中度与出具清洁意见文字情感的结果并不显著，假设H4未被验证。

六、实证结果分析

首先，从描述性统计的结果中能够看出，独立董事小组成员的特点是含有财务、法律等专业背景的成员小组居多，可见公司聘请独立董事的目的是积极的，是为了提升公司的效益和决策效率，有女性独立董事的小组也接近一半，公司还是认可女性的专业能力以及沟通协调能力等特质的。而不同的公司聘请的独立董事人数的占比不尽相同，最低占比和最高占比相差较大，可见在公司内的独立董事人数上相对弱势，有些公司内的内部董事，或者说执行董事在人数上相对弱势。

其次，在显著性水平上可以看出四个假设得到验证，第一个成立假设是含女性董事的独立董事小组更倾向于出具"有功"型的清洁意见，除了前述的善于沟通的特质可以帮助其从管理层一方获得足够多并有效的信息，作为出具关联交易意见的依据之外，女性董事谨慎、规避风险的特质也使得其承受"无过"型意见责任的能力较差，当一项关联交易出现舞弊风险时，其更多的做法是获取更充分的信息，谨慎出具本事项的意见，更甚者会选择辞去现有职务，因此这一特质也是解释实证结果的一个因素。第二个成立假设是独立董事小组中含有财务、法律背景的成员会出具有功型清洁意见的概率较高，这些独立董事往往学历高，专业能力较强，兼有职业资格证书，对关联交易的事实情况较容易把握和区分，除此之外法律意识强，责任观念重，一般不会刻意地做出委婉履职的行为。第三个成立假设是公司独立董事比例越高，越倾向于出具"有功"型的清洁意见，这是中观切面在本篇实证中一个显著的变量，独立董事在量上的充分度或许能够形成彼此监督履职机制，或者更能够确保独立董事整体在重大事项上提出的建议得以被管理层采纳，使得独立董事做到在其位，谋其职。但如前文所述，独立董事比例的确定还要考虑到公司内部的股权集中度的问题，在股权较为集中的履职环境中，增加独立董事的数量提案往往受到驳斥无法实施，甚至出现强势的大股东操纵独立董事的任用和决策的现象，反而使得独立董事职位"名存实亡"了。第四个成立假设是当公司处于亏损或者危机状态时，需要独立董事利用其专业能力、经验阅历等来改善公司业绩，此时独立董事常常倾向于出具"有功"型意见，而不是采取委婉履职的行为方式。

最后，关于独立董事声誉水平的假设并不显著，只是与因变量之间呈现负向的关系，这说明独立董事兼任上市公司的数目对出具关联交易意见的情感影响不大，笔者认为或许也存在声誉水平较高的独立董事在多家监督状况较好的公司任职的情况。而股权集中度的假设也未得到验证，说明股权集中度不能作为衡量独立董事在公司内究竟是强势地位还是弱势地位的变量，即不能完全权衡独立董事履职环境的具体情况。

第五章 研究结论、政策建议与研究展望

第一节 研究结论

本篇通过构建影响独立董事清洁意见文字情感主要因素的切面模型，并采用实证分析的方法验证模型的中微观切面的影响因素，四个假设被证明成立，如出具关联交易意见的独立董事小组中若有女性董事或者有专业背景的独立董事参与其中，关联交易的清洁意见就更倾向于"有功"型；独立董事人数的比例较高，或者公司处于亏损状态时，都会导致出具"有功"型清洁意见的概率较高，其他关于股权集中度以及声誉水平的影响因素，在本篇实证部分并不显著。上一章也对不成立假设进行了一定的解释和猜想，如关于声誉水平的假设，独立董事兼任上市公司的数量对意见的情感影响不大的原因是可能存在诸多声誉水平较高的独立董事在多家监督环境较好的公司任职的情况，可能存在仅仅用股权集中度权衡独立董事履职状况不全面的问题。

第二节　政策建议

一、聘请外籍独立董事，改善本土化现状

尽管本篇并未对影响清洁意见文字情感因素模型的宏观层面进行实证分析，仅仅采用了一定篇幅的定性阐述，但也可以看出由于传统文化影响下的语言规则是影响独立董事意见的潜在的重要因素，权力观、脸面观以及印象管理等诸多方面带来的语言规则的影响不能全部否定，也不能一时全部消除。本土独立董事数量相对冗余的问题，其实包括英美等国家在内，都是一个亟待解决的问题。伦敦商学院之前的研究报告揭露了英国上市公司独立董事的国籍比例，其中英籍占比高达93%以上，而在英籍独立董事内部，来自其他少数民族的不到1%。中国的上市公司聘请的外部独立董事也寥寥无几，独立董事本土化问题严重使得思维受限于自身的文化和语言规则，不利于独立董事更有效地履职，不利于企业走出国门、参与到当今全球化大背景下的市场竞争中去。

二、建立独董评估机制，优化人员组成

公司治理中独立董事制度设立的目的是缓解委托代理引发的信息不对称或者道德风险的不利影响，大量的理论和实践都证明了独立董事监督地位存在的必要性和给公司治理带来的积极作用，而独立董事自身也需要来自上市公司内部，特别是信息使用者或者整个社会层面的"二次监督"，而不仅仅是监督机构的约束，这相当于独立董事监督管理层的反方向，所以通常被称作"反向监督"，如此才能确保独立董事制度的完善、有效。而至于声誉水平这一变量，在实证章节部分未被验证，与国内尚不存在高度有效的独立董事市场体系和声誉评估机制有很大的关系，

监管部门应当建立独立董事相对完善的声誉市场及其评估机制。可以对独立董事的选拔和工作成果都进行评价和披露，确定评价等级，对等级不够高的独立董事采取市场禁入机制，增强信息透明度，声誉水平本身在很大程度上能够对独立董事起到激励或者约束作用。具体地说，要建立评价独立董事的履职行为的制度机制，一方面要评估人员的组成，根据本篇研究分析，女性董事和有财务、法律专业背景的独立董事更倾向于出具"有功"型的清洁意见，因此，在聘任独立董事环节，要制定尽可能完善的聘任制度，确保独立董事人员组成上有适宜数量的女性董事和有专业能力董事人员。另外，要注意评估独立董事履职的有效程度，董事会可以设立专门机构制定定期、不定期的检查机制，评估其是否达到了以下五项要求以及达到的程度如何，分别为独立、公正、诚信、勤勉、尽责，确保其能够做到负责任地履职。

三、加强专业知识培训，提升沟通质量

在我国，由于市场自发性和评价机制不成熟，独立董事的"声誉评估机制"并不存在，其他关于此类变量的众多研究都表明专业知识与独立董事的履职密切相关。本篇着眼于独立董事发表意见的方式，显示有财务、法律专业背景可以有助于出具"有功"型的关联交易意见，不仅要在任用独立董事时要择优挑选，也要对上市公司现有的独立董事加强专业知识的培训，随时跟上公司发展的节奏。除此之外，在丰富专业知识的基础上，要提升与管理层沟通的质量，目的首先是获得充分的公司信息，包括上市公司的财务报表资料、董事会议资料、公司经营运作资料等，同时保证信息资料数量达标。其次是熟悉任职公司全面的运作机制和沟通流程，包括要求列席的公司股东正式会议，以及与管理层的非正式协商和方案的探讨，做到更好的交流沟通，运用自身的专业知识、能力和阅历，主动加强与公司股东和高管的交流，吸引他们成为交流的发起人，使其尽可能自发地将公司的经营运作构思与独立董事的知识体系交叉分享，而在双方都有较高的积极性和自发性的时候，独立董事的

履职环境往往更让人满意，更倾向于出具"有功"型的、质量较高的独立董事意见。

四、增加独立董事比例，给予制度保障

本文的实证结果验证了独立董事比例越高，履职方式越直接、有效，出具"无过"型的关联交易意见的概率越低，因此增加独立董事的比例是改善独立董事履职过程中处于公司弱势地位的有效方法，国外在规定独立董事比例和数量方面有很多文件约束和制度规范，以《凯德伯瑞》为代表，报告了上市公司的董事会成员中至少应拥有三名外部独立董事，而中国证监会的《关于在上市公司建立独立董事制度的指导意见》规范了独立董事的设置比例，独立董事的最低占比为1/3。虽然在实践中，英、中两国对独立董事人数或者占比的要求并未完全改善其处于内部环境中弱势地位的现状，甚至董事会或公司管理层无视独立董事意见的状况都时有发生，但这种强制性规定也是必不可少的。事实上，美国的独立董事占比一直保持很高的水平，1999年国际经合组织在调查其独立董事比例时，该比例已达到62%，这说明独立董事制度的存在应当是被广泛认可的，但要其真正地发挥作用，改善独立董事的话语权处境，需要规范性制度的建立和维护。

第三节　研究展望

独立董事相关理论层面的研究旨在让独立董事真正地达成预计目标，对提高公司业绩、改善公司的治理环境都有重要的意义，本篇首先将语言问题和独立董事履职问题结合起来，基于以往不同类型的研究设计框架，将独立董事不同的履职行为表现分离出来，着眼于关联交易清洁意见中的两种文字情感，作为判断独立董事履职行为方式的标准，借助组织行为学中的行为决策理论，将影响因素划分为环境因素和个体因素两个维度。其次利用成本效益分析法，对独立董事出具"有功"型清洁意见、"无过"型清洁意见以及否决意见的行为路径进行深层次的分析。最后通过构建影响独立董事委婉履职行为因素的切面模型，分宏观、中观和微观三个切面进行分析，并针对中观和微观切面的主要因素提出六个假设，利用2015年全部A股上市公司独立董事意见数据进行分析验证，得出结论并尝试性地提出保障独立董事合理履职行为的理念和可操作性的咨询建议，具有一定的理论和现实意义。

但由于客观条件限制，比如无法在写作过程中接触到公司现实的独立董事了解情况，除此之外，个人对待科研学术还在不断学习的过程中，都使得本研究存在很多不足之处。首先，主要影响因素的确定和维度的划分仍需完善。本篇对所有独立董事委婉履职的主要影响因素的提取是通过阅读和梳理以往大部分影响因素的关联文献得到的，由于文献阅读的限制，存在遗漏和总结不全面的问题，仍有可能存在其他的影响因素来完善三个维度的切面模型。其次，研究思路有待深度挖掘。本篇将重点集中在影响独立董事出具何种情感的清洁意见的因素上，未进行更深层次的补充研究，比如出具两种情感清洁意见对公司绩效有何种影响，对上市公司的违规行为控制有何种影响等问题，因此需要进行进一步的探讨。最后，调研的样本量较少。本篇由于要确定"有功"型和"无过"型两种情感变量，需要对关联交易意见人工逐条记录，所以只选取了2015年的2000余条数据信息，而在研究独立董事微观层面时，由于实际操作的困难，也无法采用问卷调查的方法，因此本篇缺乏其他年度样本导致意见数量相对不足，实证假设的验证和上述的结论可能会有浮动。

通过对本研究过程的分析与总结，后续研究可以弥补上述不足，对独立董事委婉履职的影响因素进行进一步的补充完善和维度的划分，构建更加直观、丰富的影响因素模型，同时对各个影响因素之间的相关作用进行检验，考察是否存在中介效应和调节效应，同时也可进一步扩大样本的容量，做进一步的探讨。

| 第二篇 |

年报文字语气与公司业绩

第六章 引 言

随着我国资本市场的不断完善，仅仅依靠传统的银行存款赚取利息已经慢慢无法满足人们的理财需求，越来越多的人意识到投资保值的重要性。对于许多年龄偏大或保守的投资者来说，银行、券商发行的花式各异的理财产品便成为他们理财的首选。但同时，日趋成熟的中国股市更是诸多风险投资偏好者另一个保值增值的"战场"。这时，广大投资者对于资本市场信息的需求强烈，年报作为投资者可定期了解上市公司信息的较为公开且权威的文字信息自然而然受到广泛关注。近些年来，各大投资机构、专家、投资者对定性信息的需求不断扩大，对于定性信息的解读也越来越受到各方重视。由于定性信息主要以文字构成，因此定性信息的解读也可以解释为文字语句的解读。这时，文字语气作为文字语句中情感的表达形式，自然成为解读的重点。年报中的文字语气可以使投资者获取除了财务报表这样的定量信息外的有用信息。"管理层讨论与分析"作为年报当中管理层预测公司未来发展的文本信息部分，在定性信息方面也能给投资者提供不少有价值的情报。

"管理层讨论与分析"（MD&A）起源于美国，是各个上市公司管理层对公司以往业绩的评价和分析以及对公司未来可能发生的各类风险、隐患、重大事项的预告。从某种程度上来说，"管理层讨论与分析"成为投资者了解上市公司过去与未来的重要途径之一。各国已经相继应用 MD&A

制度，例如美国、英国等。2001年，我国证监会引入了这一制度，并在各类相关文件中对"管理层讨论与分析"的披露内容及标准做出相应规定。

国内外学者针对"管理层讨论与分析"提供的信息是否具有有用性的问题相继做出了一些研究。Bryan（1997）指出，MD&A提及计划外资本支出与未来业绩呈正相关关系；Sun（2010）发现，MD&A中对过去公司存货状况的详细分析能够在一定程度上预测公司未来盈利。我国也在2001年引入该项制度之后针对不同的问题有了不同侧重点的研究。周勤业等（2003）在进行问卷调查后总结发现，投资者对MD&A信息表现出了一定的重视。李翔和冯峥（2006）表示，有效的管理层沟通是信息披露途径的重要手段之一。臧文佼（2014）也指出了MD&A提供信息的有效性。

国内学者对于"管理层讨论与分析"与公司业绩的关系大多从其内容着手研究，李慧云（2012）通过沪市样本研究MD&A信息披露、财务绩效与市场反应，同时，MD&A信息的披露质量与当期财务绩效正相关，能够预测未来的财务绩效，并引起证券市场上公司股票的短期市场反应。而本篇从文字语气的角度分析其与公司业绩的关系。关于文字语气与公司业绩，国外学者Henry（2008）通过实证研究发现，盈利新闻稿的语气对于投资者的投资行为会产生影响。语气较为积极的新闻稿会激起投资者的投资热情，投资者对于公司的前景更加看好，公司的股价因此得到提升。Demers和Vega（2011）关于季度盈余报告的分析发现积极的管理层语气与公司未来盈利呈显著的正相关。S. McKay Price（2012）提出，电话会议的语言基调是异常报酬和交易量的一个重要预测因素。国内学者也在近些年开始研究文字语气与公司业绩的关系。谢德仁和林乐（2014）提出，在强调"意会"的高语境文化背景下，文本信息披露的语气具有一定的信息含量，对股票定价有着一定影响。接着，基于上述研究结论，谢德仁和林乐（2015）基于年度业绩说明会提出语气的好坏对于公司未来业绩有一定的预测作用。随后，谢德仁和林乐（2016）通过，对我国上市公司2005~2012年业绩说明会上的管理层语调进行分析发现，管理层语调与公司下一年业绩相关,积极语调与下一年业绩正相关,消极语调与下一年业绩负相关。

从上述前人研究结果可以看出,文本情感与公司业绩存在一定联系,因此本篇选取"管理层讨论与分析"这种管理层表达情感的文本信息途径,抓取了2014年深证交易所主板、中小板、创业板能收集到的909家上市公司中文年报中的"管理层讨论与分析"文本与该公司未来业绩进行研究分析。

第一节 问题的提出

文字语气与公司业绩的关系在国外已经有一定的研究基础与成果,Loughran 和 MCdonald(2011)关于年报的分析,Bochkay 和 Levine(2013)关于 MD&A 的分析,Demers 和 Vega(2011)关于季度盈余报告的分析均表明积极管理层语气与公司未来业绩正相关。中文与英文无论是在文字表述还是在情感表达方面都有着极大的不同,因此对于中文语气的研究是很有必要的。这时,如何分析中文文本当中所包含的情感语句就显得异常重要,积极情绪或者消极情绪都可以在语句中通过情感词表达;语气强弱程度同样可以通过语句中的程度副词体现出,语气强的语句会包含如"更""越来越""特"等这类词语,语气弱的语句会包含类似"可能"这样的词语。运用中文文本情感分析方法可以通过收集分析语句当中的情感词来达到分析文字语气的目的。其实,中文文本情感分析方法近些年来已经在我国兴起,成为分析语句情感的一种有效方式。樊娜(2009)提出一种研究中文文本情感主题句的方法,这也是我国学者对于该领域研究的一次试水。随后,赵妍妍(2010)认为,文本情感分析主要包括抽取情感文本、分类情感文本、检索情感文本及评测情感文本。陆文星(2012)认为,文本分析可以运用于市场分析与决策。马晓玲(2013)认为，中文文本情感分析可以和众多的领域结合。

对于中文的文本情感分析而言，对于中国文化及日常表达方式的理解显得尤为重要。正如杨品菊和李清（2008）所指出的，中国文化比较含蓄，无论是日常交往方式、口头表达还是文字表达都较为中性，因此需要意会其中的含义。于是，文字语气的分析在中文情感分析中就显得尤为重要，从一个人的语气便可以大致分析出一个人的喜好。对于企业经营者在"管理层讨论与分析"中描述的企业现状与公司前景，也许可以从语气中分析出管理者对未来前景的看法。这对于广大投资者（无论是个人投资者还是机构投资者）来说，是可能获取隐含信息的另一种途径。

因此，本篇希望能够根据年报中的"管理层讨论与分析"的文字语气探究其是否与公司未来业绩存在一定关系。

第二节 研究意义

近些年来，随着我国学者对于文本信息研究的多方面开展，许多学者取得了一定的进展，就结论而言，基本上一致发现了其对非财务信息、定性信息的披露有一定的信息增量作用。"管理层讨论与分析"作为管理层对公司以往及未来的展望表述中重要的定性信息来源，其价值性不言而明。李峰森（2008）在对"管理层讨论与分析"的有用性的实证研究中发现，我国"管理层讨论与分析"对于预测未来收入、现金流都有一定作用，同时 MD&A 的披露对股市也有一定的影响；薛爽（2008）专门针对上市亏损公司"管理层讨论与分析"进行研究之后发现，在控制一定的财务指标后，"管理层讨论与分析"中包含的内外部分析越多，说明企业受到内部运营影响及外部行业、宏观环境的影响越大，预示着下一年转亏为盈的可能性越小。上述研究结果均说明，"管理层讨论与分析"的文本信息内容含有增量信息。对于这些具有研究价值的文字，是否与公司业绩之间存在某些相关关系，国外已不乏研究者。然而，我国学者在分析文本信息语气与公司业绩关系方面的研究尚不多见。谢德仁和林乐（2014）以上市公司年度业绩说明会文本信息为数据来源，发现市场对管理层语气是有反应的。随后，谢德仁和林乐（2015）更进一步地提出，管理层语气对公司未来业绩有一定的预示作用。随后，谢德仁和林乐（2016）研究发现，我国上市公司 2005~2012 年度业绩说明会上的管理层语调与企业未来业绩存在一定相关关系，积极管理层语调与企业未来业绩正相关，消极管理层语调与企业未来业绩负相关。

以上二人的研究虽然是基于大样本，但是样本都是取自于上市公司年度业绩说明会，由于这一事项始于 2005 年，开始于深交所，主要是针对中小板上市公司而设立的，虽然至今已发展十余年，越来越多主板公司参与其中，但是由于其披露性质属于强制与半强制性，披露内容的选取以管理层自愿为原则，主要以上市企业管理层口头作答形式为主。相较于年报中的"管理层讨论与分析"，在文本信息内容、信息质量上都有所不同。谢德仁和林乐（2015）对于文字语气如何影响公司未来业绩以及还有哪些因素影响文字语气与公司未来业绩之间关系都没有进行进一步的分析。因此本篇在前人研究的基础上，采用新的文本信息源——"管理层讨论与分析"来进行文字语气与公司未来业绩之间的研究，并在本研究中加入中介变量与调节变量，以期得到更细致的文字语气与公司未来业绩之间的关系路径。

本文采用的文本信息来自于深市 2014 年主板、中小板、创业板上市公司年报"管理层讨论与分析"部分，通过选取更具有信息质量的"管理层讨论与分析"，加入中介变量与调节变量，进一步探究年报中文字语气与公司未来业绩之间的关系。

第三节 研究内容

本篇选取 2014 年深市主板、中小板、创业板公司中文年报中"管理层讨论与分析"的部分,利用 Hownet 情感词典对语句中的情感词进行分类并摘录,分析文字语气与 2015 年公司业绩之间是否存在一定联系。其中,除了验证正面语气是否预示未来业绩上升,负面语气是否预示未来业绩下降,还在其中加入中介变量投资者信心以及调节变量每股收益,验证投资者信心能否受到文字语气的影响进而对公司未来业绩产生影响,每股收益是否会影响文字语气与公司未来业绩关系的强弱。通过实证研究将所得到的结果加以归纳、总结得出文字语气与公司未来业绩之间的关系路径,最后根据文本信息数据收集、整理及实证研究结果,对"管理层讨论与分析"文本信息的披露内容及完善提出具有一定可行性的建议。以上就是本篇需要研究的内容。

第四节 研究方法

本篇主要采用实证研究与文献研究相结合的研究方法对文字语气与公司业绩之间的关系进行研究。

首先,通过研究大量前人相关的文献了解有关研究理论、背景及研究现状。在有一定相关理论基础的背景之上,文献研究更为研究假设的提出做出了理论的导向。

其次,在完成研究假设之后,再采用实证研究方法对文字语气与公司未来业绩之间的关系进行实证检验,对由文献研究所提出的研究假设进行数据的实证检验。在实证检验的过程中，主要利用2014年深市主板、中小板、创业板上市公司"管理层讨论与分析"为文本信息源作为实证分析的分析样本，研究其与上市公司未来业绩之间的关系路径、机理。

第五节　研究框架

第一，在引言中主要论述研究问题、研究意义、研究内容、研究框架与可能创新之处。

第二，对于国内外文献进行了相关的梳理总结，主要包含三部分，即"管理层讨论与分析"研究综述、文本情感分析研究综述以及文字语气与公司未来业绩相关研究综述，这部分的作用主要是为全文提供一个扎实的文献背景，为后续将做出的研究假设、猜想提供一定的理论保障。

第三，对于文章中提到文字语气需要对于该问题进行相关的概念及功能论述，就是通过一定的理论基础推出其功能，之后对于文字语气衡量的公式在前人研究的基础上做出一定的改进，为下一部分的研究设计提供文字语气衡量的可行性，为后续实证研究打下基础。

第四，通过模型的设计将所需要参与考核的数据筛选出来，最重要的是根据前人研究结合自身有理论基础的猜想提出研究假设，为后续实证研究提供研究方向。

第五，此部分的实证检验，验证第四部分的研究假设，看是否符合研究假设，若与假设不相符，找出相关原因进行分析。

第六，此部分的机理关系的相关论述是本篇的核心部分，将实证所检验出的结果总结出一套较为完整的理论体系来解释本篇所研究的中心，文字语气与上市公司未来业绩的关系，这种关系是如何形成的，会受到何种因素的影响，总结出文字语气如何影响公司未来业绩的关系机理。

第七，结论。首先对实证结果及"管理层讨论与分析"的文字语气与公司未来业绩两者之间的关系做出总结,对于本篇在文本数据收集过程中及实证结果发现的问题提出可能的合适的、具有可行性的意见和建议,在本篇的最后,根据本篇所验证研究结果及关系机理,针对本篇的不足之处提出未来的研究展望。

第七章 文献综述

第一节 "管理层讨论与分析"的相关文献

一、产生与发展

"管理层讨论与分析"(MD&A)起源于美国,是各个上市公司管理层对公司以往业绩的评价和分析以及对公司未来可能发生的各类风险、隐患、重大事项的提前预告。从某种程度上来说,"管理层讨论与分析"成为投资者了解上市公司过去与未来的重要途径之一。

各国已经相继应用 MD&A 制度,例如美国、英国等。2001 年,我国证监会引入了这一制度,并在各类相关文件当中对"管理层讨论与分析"的披露内容及标准做出相应规定。在此之后,我国对于"管理层讨论与分析"的披露进入不断完善过程中,例如"管理层讨论与分析"在 2003 年的半年度报告代替了原"经营情况的回顾与展望";2005 年对于"管理层讨论与分析"的披露规定、要求做出进一步的细化;2012 年证监会对《公开发行证券的公司信息披露内容与格式准则第 3 号——年度报告》再次进行修改并重新公布，在该准则中"管理层讨论与分析"的位置由年度报告第八节提前到了第四节，充分说明我国对 MD&A 中未来展望信息具有增量信息作用的肯定及重视。

目前我国的"管理层讨论与分析"相较于国外无论是信息披露的内容还是质量都还有一定差距，于是许多国内学者对于"管理层讨论与分析"提供信息的有效性提出了质疑，随着李峰森（2008）对有效性问题进行了研究之后，越来越多的国内学者对 MD&A 有效性以及披露质量进行了探讨。薛爽（2008）专门针对上市亏损公司"管理层讨论与分析"进行研究之后发现，在控制一定的财务指标后，"管理层讨论与分析"中包的含内外部分析越多，说明企业受到内部运营影响及外部行业、宏观环境影响越大，预示着下一年转亏为盈的可能性越小。以上结果说明，"管理层讨论与分析"的确能够达到提供增量信息的效果，确实会对企业业绩造成一定的影响。这项研究可以说是我国学者对从 MD&A 中提取的信息与公司业绩存在关系的一次很重要的发现，也对后续的研究起到了举足轻重的作用。

二、国外研究现状

自 20 世纪 80 年代开始，随着美国 MD&A 制度的逐渐成熟，相关研究也越来越多。Roger（1997）指出，MD&A 在分析师的报告中占比达到 31%，影响投资者的投资决策；Bryan（1997）指出，MD&A 提及计划外资本支出与未来业绩呈正相关关系；Sun（2010）发现，MD&A 中对过去公司存货状况的详细分析能够在一定程度上预测公司未来盈利；Clarkson 等（1999）发现，分析师更多利用 MD&A 中的直接盈余预测信息和资本支出计划；Francis（2002）发现，MD&A 中订单数量的信息能引起当期股价变动；Cole（2004）在对零售业的研究中发现，新开商店数与计划资本支出既能引起股价波动也能预测未来一期的财务业绩；Li（2010）发现，MD&A 中的前瞻性信息披露有利于投资者预测公司的盈利信息；Stephen（2011）发现，MD&A 的变化程度与公司股票价格正相关、与分析师的盈利预测信息无显著相关关系,即投资者相比分析师更多地利用了 MD&A 信息。

三、国内研究现状

我国也在 2002 年引入该项制度之后针对不同的问题开了不同侧重点的研究。理论论述方面,李翔和冯峥(2006)表示有效的管理层沟通是信息披露的重要手段之一。李常青(2007)对于"管理层讨论与分析"的意义、影响因素、有用性以及未来的发展和挑战做出了综合的研究述评。李燕缓和李晓东(2009)通过比较美国、德国、英国等国家的"管理层讨论与分析"的相关规定,了解我国与国际 MD&A 的披露差异,并对我国如何制定及完善目前"管理层讨论与分析"提出了相应的建议。臧文佼(2014)也验证说明 MD&A 内容是有价值、具有有效性的。

在"管理层讨论与分析"的披露质量方面,赵亚明(2006)、惠楠(2008)指出我国目前的 MD&A 披露质量存在些许问题,披露质量有待提高。王慧芳(2006)则进一步分析了影响企业 MD&A 信息披露状况的因素。徐利飞(2007)通过考察上市企业在"管理层讨论与分析"部分的描述行数来计量披露数量,并且对所披露内容进行考核评分。陆宇建和吴祖光(2010)同样基于不同的视角评论上市企业"管理层讨论与分析"的披露状况。

在与公司业绩的关系方面,李峰森(2008)在对"管理层讨论与分析"有用性的实证研究中发现,我国"管理层讨论与分析"对于预测未来收入、现金流有一定作用,同时 MD&A 的披露对股市也有一定的影响。薛爽(2008)专门针对上市亏损公司的"管理层讨论与分析"进行研究之后发现,在控制一定的财务指标后,"管理层讨论与分析"中包含的内外部分析越多,说明企业受到内部运营影响及外部行业、宏观环境影响越大,预示着下一年转亏为盈的可能性越小。

第二节 文本情感分析的相关文献

一、文本情感分析概念

文本情感分析又称意见挖掘，简单而言，是对带有情感色彩的主观性文本进行分析、处理、归纳和推理的过程。最初的情感分析源自前人对带有情感色彩的词语的分析。文本情感倾向分析作为一个多学科交叉的研究领域，涉及自然语言处理、计算语言学、信息检索、机器学习、人工智能等多个领域。

二、中文文本情感分析的研究现状

樊娜（2009）提出一种提取中文文本情感主题句的方法。这也是我国学者第一次对于该领域研究的试水。随后，赵妍妍（2010）指出，文本情感分析主要包括抽取情感文本、分类情感文本、检索情感文本及评测情感文本。魏韡（2011）认为，可以分别从词语和语句判断是正面情感还是负面情感，能够准确判断情感词语是文本情感分析的基础。语句的情感分析的主要任务包括对语句的主客观性的区分，区分主观句的褒贬性以及提取情感倾向词，包括对评论该情感词的使用者、对象以及程度词。陆文星（2012）认为文本分析可以运用于市场分析与决策，就如同国外开发了某种系统，主要是对目标产品进行声誉分析。正如我们熟悉的"淘宝"中上传宝贝图片的功能，当你将目标产品图片上传至淘宝软件当中，阿里巴巴的数据库便迅速开启搜索功能，将相同或相似产品推荐给你，同时评论也会在你进入商品页面的下方显示出来，由此，不仅商品信息可以作为研究消费者喜好的大数据，评论也可以作为文本信息情感分析的信息源。对于文本情感信息的运用问题，马晓玲（2013）认为，中文文本情感分析可以和众多的领域结合，但是由于中国的文本情感分析真正开始于 2006 年，并且由于中文本身的复杂性，对于英文文本分析和研究处理的方法不一定能够直接套用于中文，从自然语言处理的角度如何建立汉语的语法体系、语义表示方法和计算模型来更好地支持中文文本情感研究都是今后需要不断解决的棘手问题。与此同时，不得不承认，在完成这一系列中文文本情感分析的过程中，首先需要丰富中文语料库，中文语料库相对于国外成熟的语料库相比，差距还是较大，需要不断地进行丰富。中文语料库的丰富对于日后文本信息研究、文本情感分析都将起到至关重要的基础作用。

第三节　文字语气与公司业绩关系的相关文献

一、国外研究现状

Henry（2008）通过实证研究发现，盈利新闻稿的语气对于投资者行为会产生一定影响。语气较为积极的新闻稿会激起投资者的投资热情，投资者对于公司的前景更加看好，公司的股价因此得到提升。Paul C. Tetlock（2008）提出了以下几个观点：首先，用消极语气词进行描述与消极的公司绩效有关；其次，公司的股价不会与文字中的消极语气有直接的关联，这一点与 Henry（2008）的观点正好相反；再次，收益和回报的预测很大程度上可以从消极的文字上看出。Feng 和 Li（2010）认为，MD&A 财务部分语气似乎可以对应计费用定价错误起到减缓作用。这就意味着，当管理者用"警告"的语气对应计费用进行定价，应计费用的定价就会趋于公正。S. McKay Price（2012）提出，电话会议的语言基调是异常报酬和交易量的一个重要预测因素。另外，Loughran 和 MCdonald（2011）关于年报的分析，Bochkay 和 Levine（2013）关于 MD&A 的分析，

Demers 和 Vega（2011）关于季度盈余报告的分析均发现积极文本语气与公司未来业绩呈显著的正相关。Colm Kearney（2014）提取多种文本信息源来研究文本信息，研究了内容与方法之间的差异，并且发现文本情绪对于个人、企业行为及市场层次的影响，同时也提出了当今对于文本情感信息的研究还需要不断地挖掘，也为后人的研究指出了一些可行的方向。这说明对于文本信息的研究我们还需要不断地深入研究，并且还有很大的空间。Mark Lang（2015）发现文本是具有可预见性的，并且与经济成果，如流动性、机构所有权相关联。

由以上分析可以看出，近些年来，国外学者对于文字语气的分析正在逐步向深入化与具体化迈进。

二、国内研究现状

相对于国外学者，国内学者在这方面研究较少。谢德仁和林乐（2014）提出，在强调"意会"的高语境文化背景下，文本信息披露的文字语气含有增量信息，对股票价格的制定会产生一定影响。随后，谢德仁和林乐（2015）进一步提出管理层语气对公司的未来业绩有预测作用。谢德仁和林乐（2016）基于年度业绩说明会，通过对我国上市公司 2005~2012 年度业绩说明会上的管理层语调进行分析发现，积极管理层的正面语调有利于投资者做出正面回应，消极管理层语调则使得投资者做出负面回应。

第四节 小结

通过上述文献研究可以看出，研究文字语气与公司未来业绩之间的关系是有据可循的，而本篇所采用的文本信息源"管理层讨论与分析"内容的有效性也得到前人研究的证实。虽然本篇所采用的文本情感分析方法相对于国外研究而言尚不成熟，但毋庸置疑的是，中文文本情感分析研究的不断发展将会不断推动跨领域研究，上述三部分研究文献为本篇研究打下了坚实的理论基石。

第八章 文字语气的功能与测度

第一节 文字语气的功能

文字语气能够起到表达情绪的作用。每一篇文章都是由很多句话组成的，每一句话又都是由许多词组拼凑而成的，虽然词组各有自身的含义，但是在组成一句话之后，便会产生戏剧性的变化，这就是我们平常所说的"语境"。在不同的语境中，相同的文字会表现出不同的语气，中国文字中对于感叹句的运用就是一个很好的例子。"太贵了"如果不加感叹号时，让读者可以体会到这是对于某件商品价格的一种评价，但是在加了感叹号之后，就明显是对于该事物的评价的一种强调。疑问句与陈述句也会体现相同的语气反差效果，"这件事我做好了"与"这件事我做好了？"这两者之间就有着很大的差别。前者表示对一件事情的事实的叙述，后者则让人感觉到说话的人明显带有一种难以置信的口吻，而这表面上是一个符号的区别，但实际上是符号所带来的语气的变化。可见，文字语气对语句含义的表达起着异常重要的作用。符号只是展现文字语气的一种方式，文字语气还可以通过语句中情感词的表述得以呈现。于是，杨海中（1981）就要求人们在研究文字时，不仅要弄清具体的文字的表义渊源及其变化，还必须认真考察该文字所在句子的语气，研究句子语气对字义有何影响，从而对字义做出恰当的判断。文字语气的表述直接影响文字语句本身的含义及人们对文字语句的理解。

第二节　文字净语气的衡量

本篇借鉴谢德仁和林乐（2015）构建的上市公司业绩说明会语调的衡量公式及文本情感分析的"词袋"法，而"词袋"法得以运用的关键就是情感词的抽取。目前，基于前人大量的研究工作，抽取和判别情感词主要有两种方法：语料库和词典。基于语料库的情感词语抽取和判别主要是利用大语料库的大数据特性，通过观察挖掘出所需要的情感词语并判断是正面情感词还是负面情感词。此种方法的优势在于简单，缺点则在于可以利用的情感语料库有限。语料库可以通过人工标注方法构成，这种方式往往规模有限，这也是上文所提及的我国需要不断扩充语料库的原因，并且还可能产生情感词分布不均匀的情况。与此同时，自动标注的方法也被有些学者提出，最易于理解的就在于利用符号来标注情感词。例如，问号、感叹号在相同的一句话中所表达的含义及情感都会有巨大的差别。还有学者提出借助其他标注语料的方法，借助网站评论进行数据的采集。但是网站评论各异，有些评论根本文不对题，由此造成数据的不准确性。

本篇使用的是基于词典的评价情感词方法，此方法对于情感词的划分主要由选取的情感词词典所决定。目前，中文的评价词词典主要有以下两种：NTU 评价词词典和 Hownet 评价词词典。NTU 评价词词典是由台湾大学编纂的，词典中一共收集了 2812 个褒义词与 8276 个贬义词。Hownet 评价词词典包含褒贬两类，含有 9193 个中文评价词、9142 个英文评价词。Hownet 不仅提供了正面情感词与反向情感词，还提供了正面评价词与反向评价词以及程度副词。本篇采用 Hownet 情感词典对文字语气中的情感词进行整理、分类、统计。文本数据的整理流程如图 8-1 所示。

图 8-1　数据整理流程图

本篇在完成对上市公司年报"管理层讨论与分析"数据分析样本的下载统计之后，便对照 Hownet 情感词典对分词进行归类整理。其中，为了减少前人提到的极性问题，对该衡量公式采取了整体开根号的方式，为了避免被开根号部分出现负值现象（正面语气词低于负面语气词的数量）使得该衡量公式出现漏值或者错值的情况，本篇加以绝对值，改进之后的衡量式如式（8-1）所示：

$$JQG = \sqrt{\left| \frac{ZMQG - FMQG}{ZMQG + FMQG} \right|} \qquad (8-1)$$

其中，ZMQG 是 t 年上市企业年报"管理层讨论与分析"部分中正面语气词在所有语气词中的比例；FMQG 是 t 年上市公司年报"管理层讨论与分析"部分中负面语气词在所有语气词中的比例。JQG 衡量的是净语气，若正面语气 ZMQG 大于负面语气 FMQG 越多，那么 JQG 的取值也会越大，说明文字净语气偏向于乐观；若负面语气 FMQG 大于正面语气 ZMQG 越多，那么 JQG 的取值会越小，说明文字净语气偏向于悲观。

第九章 研究设计

第一节 研究假设

相较于企业管理者来说，投资者存在着信息匮乏的情况。这就是信息不对称，也是文本信息分析产生增量信息需求的第一环节。信息不对称理论认为，市场中卖方比买方掌握更多相关商品信息；掌握信息多的一方可以通过向信息匮乏的一方传递可靠信息而从中获利；而买卖双方中信息匮乏的一方有很强烈的求知信息的欲望因而使得该交易能够进行下去；从一定程度上说，市场信号可以起到弥补信息不对称的作用。信息不对称理论的效果在"管理层讨论与分析"的披露中尤为凸显。所有权与经营权相分离，企业的所有者会选择一个他们相对信任的经理人来帮助他们直接打理公司业务。这就存在问题，因为所有者不直接接触公司的业务，对公司的状况，尤其是内部的实际情况不了解，获得信息少，而经营者对于公司状况很了解，这就产生了信息不对称，同样在管理层编制的 MD&A 的信息中当然也会有所体现。对于广大投资者来说，这种信息不对称同样也是存在的。不过，现在不乏理性的投资人，他们知道内部信息缺失所带来的危害，因此他们对于预期报酬的要求有所提高，这会使企业的融资成本随之提高，为了降低成本，企业需要提供一部分内部信息让投资者信服并投资，因此 MD&A 就成为这样一个好的平台，同时也可以看出其中的内容是具有一定可信度的，对公司业绩过去的总结以及未来展望的信息有一定的真实性。由此看出，本篇研究 MD&A 的文字语气，这样文字的数据来源对于公司业绩关系研究是有一定可信度的。

对于广大投资者来说，尤其是广大个人投资者来说，较为权威且披露质量较高的信息源当属上市公司年报。近年来，投资者不再仅仅关注年报中的定量分析，如财务报表中的数据，而是开始将精力转向于定量与定性共同参考，定性分析对于投资者来说是相对困难的。而在年报当中，许多文字都是标准的，不带有任何指向性的文字，这无疑又为定性分析增加了难度。"管理层讨论分析"作为近些年来披露质量日益提高的少数年报中公司管理层亲自对公司本年度业绩进行评述并对下一年度进行展望的文字部分，由于含有管理层自行评述，那么难免会出现文字语气的偏向，这对于投资者进行投资决策来说是十分有效的。这时，"管理层讨论与分析"中的文字语气就起到了信号传递的功能。它将管理层对于公司目前状况及对未来的展望都通过文字语气传递给广大投资者。

信号传递理论：在信息不对称情况下，公司向外界传递公司内部信息普遍有三种信号：利润宣告、股利宣告、融资宣告。罗斯最先将信号传递理论应用在财务领域，他发现许多有内部投资信息的内部知情者，可以通过上述三种形式向潜在的投资者传递内部信息。

在信息不对称的市场中，对于投资者而言急需找到一种方式去弥补信息弱势，除了上市公司的财务报告这种定量的分析之外，MD&A 便成为外部投资者知晓公司情况的令人信服的平台。从管理者的角度而言，MD&A 同样是他们能够为投资者传递公司信息的发射器。而在这其中文字语气就负担着信号传递的功能。

这个理论说明管理者作为信息充分的一方有自愿向外界透露公司情况的意愿，增强了 MD&A 文本信息的可信度，同时说明了文字语气在其中起到的信号传递功能。

因此,本篇基于上述信息不对称理论与信号传递理论提出相关假设。谢德仁和林乐(2015)以管理层业绩说明会为文本研究对象,发现管理层在业绩说明会上的发言中,积极语调与公司未来业绩正相关,消极语调与公司未来业绩负相关。通过研究结果可以看出,管理层语调与公司未来业绩是有联系的,管理层语气积极,说明管理层对公司未来发展持乐观态度,企业未来业绩向好的可能性大;管理层语气消极,说明对公司未来发展持质疑态度与不确定态度,企业未来业绩表现平平或者下滑的可能性大。

但是,Skinner(1994)发现,在许多企业中,为了规避诉讼风险和降低诉讼成本,管理层更倾向于对坏消息采用模糊式的定性陈述方式;Rogers等(2005)发现,当投资者对信息披露质量的判断能力较低时,状况不佳的公司管理层很大程度上可能发布乐观的业绩预告。因此对于投资者和公司的股东及其他与公司发展密切相关的机构与人来说,上市公司披露的信息在表述方式上可能并不会很直白,因此文字语句当中的负面信息表述较为模糊,尤其是"管理层讨论与分析"这样由文字报告形式表现而非如同管理层业绩说明会一般是经由管理层现场回答问题口述之后整理的文字材料,整理之后的文字材料对于情感词语的选用及关乎公司未来业绩预测的情感语句斟酌更为谨慎。孙汝建(2000)发现,相对于现场回答问题的文本信息源——管理层业绩说明会来说,虽然之前也会对相关问题有一定的准备,但口语语调还包含节奏、重音的不同,因此也可以从这些方面做出情绪判断,从而能够更加清晰地辨别出语句情感,尤其是负面情感。因此,经过整理的"管理层讨论与分析"中,负面语气可能因为表述方式含蓄而不能与公司未来业绩呈负相关关系。

然而,不能否认的是,负面语气对公司未来业绩具有一定的负面影响。从谢德仁和林乐(2015)的研究中也可得到相同的结论。从上市公司管理层角度来说,若是能不披露负面信息固然最好,但是有时却碍于法规政策以及未来预期不得不披露负面消息,因此较为中性、含蓄的情感词的表达已经透露出上市公司管理层对未来业绩持观望态度。

出于对公司的保护，负面情感披露少且含蓄，但依然对公司未来业绩预测产生着巨大影响，这种影响就体现在投资者进行投资时出于谨慎考虑和投资者短视行为。投资者对于坏消息很敏感，即使文字语句中存在一点负面消息，对于投资者的投资行为还是具有很大影响的。我国投资者又多数为个人投资者，是缺乏专业知识与经验的投资者，面对年报这样相对权威的管理层预测信息，若发现其中含有负面消息，保守的投资者很可能因为负面消息而对公司未来业绩感到担忧，可能因此取消投资，若加上市场盲目跟风，随之会导致企业业绩受到影响。

综上所述，"管理层讨论与分析"中由于管理层对公司利益的保护，处理后的文字表达含蓄，负面语气与公司未来业绩两者直接相关关系不明显。但正面情感对公司未来发展有利，因此本篇提出假设正面语气与未来业绩正相关；但由于人们对负面语气敏感度大，文字净语气与公司未来业绩负相关。

基于以上理论基础及前人研究结果，本篇提出待检验的研究假设 H1、H2。

H1：其他条件不变的情况下，管理层正面语气与公司未来业绩正相关。

H2：其他条件不变的情况下，虽然年报书面语气较为中性，负面语气表述含蓄，但人们对负面语气敏感度更大，因而管理层文字净语气与公司未来业绩负相关。

"管理层讨论与分析"之所以可能会对公司未来业绩有一定的预测性及影响，主要在于它对于投资者的参考价值。对于广大投资者来说，管理层发布本年度带有正面情感的文本信息并预测未来公司业绩有很大的成长空间时，无疑会对投资者的投资信心有正面影响，进而影响投资者决策，影响公司股价，进一步对企业未来业绩产生正面影响。如果公司管理层发布负面消息，对于投资者来说，他们会更倾向于收回对该公司的投资，对公司未来的发展能力产生质疑。而投资者信心削弱，对于公司未来业绩同样会产生负面影响。因此，本篇提出研究假设 H3。

H3：其他条件不变的情况下，管理层文字净语气影响投资者信心进而影响公司未来业绩，投资者信心在两者之间起到中介作用。

一般而言，每股收益作为衡量公司盈利情况的重要指标之一，每股收益越大，说明上市公司取得的收益越多，公司业绩越好。这说明每股收益与公司业绩呈正相关关系，而本篇在假设 H2 中提出文字净语气与公司未来业绩呈负相关关系。因此初步推断，每股收益起到削弱文字净语气与公司未来业绩负相关关系的作用。

综上所述，本篇提出研究假设 H4。

H4：其他条件不变，每股收益在文字净语气与公司未来业绩之间起调节作用，起到削弱文字净语气与公司未来业绩负相关关系的作用。

第二节　变量选取

本篇在巨潮资讯网、深证交易所官网下载了深市主板、中小板、创业板 2014 年度的板报之后在其中筛选出可用的"管理层讨论与分析"总共 909 家，再利用分词系统进行语句的分词，之后根据 Hownet 中文情感词典将情感词摘出，分别是"正面情感词语"和"负面情感词语"，表 9-1 描述的是 Hownet 情感词典的分类方法，本篇将依据此种分类方法对"管理层讨论与分析"文本中的情感词语进行分类、收集、计数，其中包括 Hownet 情感词典中收录的正面情感词、负面情感词总共数量和分类所包含的词语。其余所涉及的财务数据均可在国泰君安、锐思数据库下载。

表 9-1　语气类型描述表

语气类别	个数总计	词语描述
正面语气（正面情感词）	836	感恩、关切、称赞等
负面语气（负面情感词）	1254	惧、两难、不满等

本篇共建立了五个模型,其中,公司未来业绩的因变量选择的是 2015 年上市公司净资产收益率 ROE;自变量分别取正面文字语气 ZMQG、净语气 JQG,中介变量选取投资者信心,这里用 IC 表示。需要说明的是投资者信心(IC)的衡量方法,本篇借鉴雷光勇、王文和金鑫(2012)对于投资者信心计算的公式,如式(9-1)所示:

$$IC = 0.7604 \times GROWTH + 0.7182 \times YrPB + 0.6163 \times INST \qquad (9-1)$$

其中,GROWTH 代表主营业务收入增长率,YrPB 代表市净率,INST 代表机构投资者比例。

本篇主要选取的调节变量为每股收益,用 EPS 表示。每股收益作为判断公司盈利状况及股东受益情况的重要指标,与公司业绩呈正相关。因此,本篇提出每股收益在文字净语气与公司未来业绩之间起到调节作用。

控制变量分别选取 2014 年总资产规模(LNSIZE),该指标采用上市公司 2014 年总资产的对数衡量,上市公司成长性(MB)指标采用上市公司 2014 年净利润增长率,上市年限(AGE)指标从上市公司上市的年度开始测量该公司上市年限,市场回报(YRET)指标采用上市公司 2014 年投入资本回报率。由于上述指标都会对公司未来业绩产生一定影响,对于本篇的主要研究会产生一定影响,因此将上述指标作为控制变量(见表 9-2)。

表 9-2 变量定义表

变量类型	变量名称	变量标识	定义及计算公式
因变量	公司未来业绩	ROE_{iT+1}	净资产收益率
解释变量	文字正面语气	ZMQG	管理层的正面情感词语数目占管理层情感词语总数
	文字净语气	JQG	$JQG = \sqrt{\left\lvert\dfrac{ZMQG-FMQG}{ZMQG+FMQG}\right\rvert}$
中介变量	投资者信心	IC	$IC = 0.7604 \times GROWTH + 0.7182 \times YrPB + 0.6163 \times INST$ 其中,GROWTH 表示主营业务收入增长率,YrPB 表示市净率,INST 表示机构投资者比例
调节变量	每股收益	EPS	
控制变量	规模	$SIZE_T$	总资产的自然对数
	上市年限	AGE	
	成长性	MB	净利润增长率
	市场回报	YRET	投入资本回报率

第三节 研究模型

本篇借鉴谢德仁和林乐（2015）的模型，分别建立了五个模型，其中模型（1）、模型（2）主要验证假设 H1 和 H2，模型（2）、模型（3）、模型（4）主要验证假设 H3，模型（5）主要验证假设 H4。

一、文字语气与公司未来业绩

本篇在假设 H1、假设 H2 分别提出假设：①文字正面语气与公司未来业绩正相关；②文字净语气与公司未来业绩负相关，本篇由上述两个假设提出模型（1）、模型（2）：

$$ROE_{iT+1} = \lambda_0 + \lambda_1 ZMQG + \lambda_2 JQG + \lambda_3 MB + \lambda_4 YRET + \lambda_5 LNSIZE + \lambda_6 AGE + \xi_{iT} \tag{1}$$

$$ROE_{iT+1} = \mu_0 + \mu_1 JQG + \mu_2 MB + \mu_3 YRET + \mu_4 LNSIZE + \mu_5 AGE + \xi_{iT} \tag{2}$$

模型（1）主要验证假设 H1：文字正面语气与公司未来业绩呈正相关关系，模型（2）将其中的正面语气 ZMQG 解释变量剔除，仅加入解释变量 JQG，在模型（1）的基础上进一步验证文字净语气与公司业绩呈负相关。需要说明的一点是，本篇未提出有关于文字负面语气与公司未来业绩研究的假设，主要是由于"管理层讨论与分析"是经整理后的文本信息，因此其中的负面情感词语难免被弱化，再加上中国文字情感表达较为含蓄以及上市公司管理层"报喜不报忧"的业绩表述都会影响负面情感在"管理层讨论与分析"中的表达，难免会对负面语气与公司未来业绩直接相关关系研究造成影响，但是负面情感影响不可忽略，人们对负面情感敏感度高，故本篇在研究文字净语气与公司未来业绩的相关关系时考虑到了负面情感的影响。

二、投资者信心的中介作用

本篇通过模型（2）、模型（3）、模型（4）三个模型之间的对比来验证研究假设 H3：投资者信心在文字净语气与公司未来业绩之间起中介作用。

$$\text{ROE}_{iT+1} = \alpha_0 + \alpha_1 \text{IC} + \alpha_2 \text{MB} + \alpha_3 \text{YRET} + \alpha_4 \text{LNSIZE} + \alpha_5 \text{AGE} + \xi_{iT} \qquad (3)$$

$$\text{ROE}_{iT+1} = \beta_0 + \beta_1 \text{JQG} + \beta_2 \text{IC} + \beta_3 \text{MB} + \beta_4 \text{YRET} + \beta_5 \text{LNSIZE} + \beta_6 \text{AGE} + \xi_{iT} \qquad (4)$$

若本篇能够通过实证检验，验证模型（2）中文字净语气（JQG）与公司未来业绩负显著，验证投资者信心（IC）与公司未来业绩正显著，验证模型（4）在加入投资者信心（IC）与公司未来业绩之后文字净情感（JQG）与公司未来业绩不显著，投资者信心（IC）与公司未来业绩正显著，则验证假设 H3：投资者信心在文字净语气与公司未来业绩之间起到中介作用。

三、强语气程度与每股收益的调节作用

本篇通过在模型（5）中加入文字净语气（JQG）与每股收益（EPS）交互项来验证假设 H4：每股收益在文字净语气与公司未来业绩之间起到调节作用。

$$\text{ROE}_{iT+1} = \theta_0 + \theta_1 \text{JQG} + \theta_2 \text{JQG} \cdot \text{EPS} + \theta_3 \text{MB} + \theta_4 \text{YRET} + \theta_5 \text{LNSIZE} + \theta_6 \text{AGE} + \xi_{iT} \qquad (5)$$

第四节 样本选取与数据来源

一、样本选取

本篇的文本信息数据选取了 2014 年上市公司年报（中文版）中的"管理层讨论与分析"，以此文本数据源为基础计算出所需要测度的解释变量正面语气（ZMQG）、净语气（JQG）。本篇验证的是与未来业绩之间

的关系，因此因变量选择2015年上市公司净资产收益率（ROE）。许多上市公司可能更注重将每股收益看作衡量公司盈利或者是业绩的一项指标，但如果税后利润、每股收益均增长，股东收益增长率高于税后净利增长率，净资产收益率是下降的。净资产收益率衡量的是投资产出效率。因此，本篇选择净资产收益率作为衡量公司业绩的指标。

然而不可否认的是，每股收益（EPS）在一定程度上反映了公司的盈利情况，因此本篇将其作为调节变量加入假设当中，用实证的方法检验其是否能够在文字净语气与公司未来业绩之间起到调节作用。

中介变量投资者信心（IC）借鉴前人有关投资者信心的计算公式，由于上市公司年报属于较权威的披露信息来源，其文本信息情感对信息匮乏的投资者来说尤为重要，因此年报中透露的文本情感将会影响投资者对该上市公司的未来期望，进而影响投资者的投资决断，影响公司未来业绩。因此，本篇选取投资者信心作为中介变量。

二、数据来源

本篇文本信息"管理层讨论与分析"主要来源于巨潮资讯网、深证交易所官网的深市2014年主板、中小板、创业板上市公司年报（中文版），经过筛选共有909家上市公司的文本信息——"管理层讨论与分析"纳入本次研究范围，之后将文本进行分词，按照Hownet情感词典摘录情感词并进行整理计数。需要说明的是，在后期实证过程中，由于不同模型测度的过程中不断进行数据筛选，因此各变量观测数不尽相同，但经过筛选至少有800余家上市公司文本数据进入模型的实证分析研究当中。其余因变量、中介变量、控制变量所涉及的数据均来自于国泰君安数据库和锐思数据库。本篇主要采用Eviews7.2进行回归分析。

第十章 实证分析

在第九章提出研究假设及建立研究模型之后,本章将运用实证检验的方式,验证提出的四个研究假设是否成立,并在实证结果的基础上进行原因分析。

第一节 变量描述性统计

表 10-1 是本篇因变量、解释变量、中介变量、调节变量、控制变量的描述性统计,其中包含均值、中位数、最大值、最小值、标准差与观测数六项内容。

表 10-1 变量的描述性统计

变量	均值	中位数	最大值	最小值	标准差	观测数
ROE_{iT+1}	0.3372	−0.0159	11.5162	−23.1938	4.3706	908
ZMQG	0.7524	0.7857	0.9500	0.0000	0.1285	908
JQG	0.9672	0.7559	0.9486	0.0000	0.1981	891
IC	16.1719	11.0086	62.6143	−6.9037	3.8377	877
EPS	0.2664	0.2000	4.1500	−4.4800	0.5234	908

续表

变量	均值	中位数	最大值	最小值	标准差	观测数
LNSIZE	21.7363	21.6154	28.4133	14.9416	0.5862	908
AGE	9.8369	7.0000	25.0000	0.0000	6.7883	926
MB	−17.7670	12.4678	45.4048	−10.0587	3.5227	908
YRET	6.5855	6.1556	64.4569	−16.0109	1.0638	908

从表10-1的描述性统计来看，因变量ROE_{iT+1}均值为0.3372，中位数为−0.0159，说明因变量ROE_{iT+1}正负值均存在，这一点也可以从其最大值与最小值看出。解释变量中，正面语气ZMQG均值为0.7524，中位数为0.7857，最大值为0.9500，可以看出文本信息中正面语气占比较大，均值与中位数较为平均；净语气JQG均值为0.9672，中位数为0.7559，最大值为0.9486，最小值为0.0000。中介变量投资者信心IC均值为16.1719，中位数为11.0086。调节变量中，每股收益EPS均值为0.2664，最大值为4.1500，最小值为−4.4800，说明各个上市公司每股收益差异大。控制变量中，总资产规模LNSIZE均值为21.7363，中位数为21.6154，最大值为28.4133，最小值为14.9416；上市年限AGE均值为9.8369，中位数为7.0000，最大值为25.0000；上市公司成长性MB均值为−17.7670，中位数为12.4678，说明从净利润增长率这个层面上看，很大一部分上市公司的成长性不佳。市场回报YRET均值为6.5855，中位数为6.1556，最大值为64.4569，最小值为−16.0109。

第二节 相关性分析

本节对所有变量进行相关性分析。相关性分析结果如表10-2所示：

表 10-2 变量的相关性分析

	ROE_{iT+1}	ZMQG	JYQ	IC	EPS	MB	AGE	LNSIZE	TRET
ROE_{iT+1}	1								
ZMQG	−0.082*	1							
	0.014								
FMQG	0.082	−1.000**							
	0.014	0.000							
JYQ	−0.015*	0.693**	1						
	0.656	0.000							
IC	−0.049	0.037	0.030	1					
	0.144	0.273	0.375						
EPS	0.001*	−0.013	−0.022	0.077*	1				
	0.770	0.685	0.508	0.022					
MB	−0.001	−0.016	−0.017	0.052	0.126**	1			
	0.782	0.637	0.602	0.123	0.000				
AGE	0.046	0.031	0.035	−0.104**	−0.168**	−0.048	1		
	0.165	0.351	0.289	0.002	0.000	0.150			
LNSIZE	−0.052	0.089**	0.062	−0.152**	0.100**	−0.032	0.386**	1	
	0.118	0.007	0.063	0.000	0.003	0.331	0.000		
TRET	−0.052	−0.031	−0.056	−0.050	0.590**	0.092**	−0.122**	0.077*	1
	0.116	0.350	0.094	0.136	0.000	0.006	0.000	0.021	

注：***、**、*分别表示变量系数在1%、5%和10%的统计水平上显著。

如表10-2所示，因变量公司未来业绩ROE_{iT+1}、解释变量正面语气ZMQG、文字净语气JQG、中介变量投资者信心IC、调节变量强语气程度EX、每股收益EPS之间基本无多重共线性。因此，本篇当中的回归模型受多重共线性影响不大。

第三节 多元回归结果及分析

本篇利用 Eviews 7.2 对五个模型进行回归分析,将实证所得到的分析结果依照上述验证假设的情况分为三部分进行结果分析。

一、文字语气与公司未来业绩

模型(1)主要验证假设 H1:文字正面语气与公司未来业绩呈正相关关系,模型(2)将其中的正面语气 ZMQG 解释变量剔除,在模型(1)的基础上进一步地验证文字净语气与公司业绩呈负相关关系。实证验证结果如表 10-3 所示:

表 10-3 文字语气与公司业绩回归结果

Variable	Model(1) ROE_{iT+1}	Model(1) ROE_{iT+1}
ZMQG	110.0294**	
	(2.2854)	
FMQG		
JQG	−72.4088***	−17.6787**
	(−2.8861)	(−2.3574)
MB	0.1321	0.6561
	(0.0318)	(0.1575)
YRET	−0.1157	−0.1588
	(−0.8229)	(−1.1308)
LNSIZE	−2.7794*	−2.6936*
	(−1.9572)	(−1.8930)
AGE	0.3778	0.4597*
	(1.5763)	(1.9350)
N	891	891
F	3.1784	2.7563

注:***、**、* 分别表示变量系数在1%、5%和10%的统计水平上显著。

在模型（1）中加入解释变量正面情感（ZMQG）与文字净语气（JQG）对假设 H1 及假设 H2 进行验证，从实证结果可看出，模型（1）中正面语气（ZMQG）系数为 110.0294，在 5% 水平上显著；文字净语气（JQG）系数为 -72.4088，在 1% 水平上显著，以上结果分别验证了假设 H1 与假设 H2。为了进一步确认文字净语气与公司未来业绩之间的关系，模型（2）中剔除解释变量正面语气（ZMQG）的影响，仅仅研究文字净语气（JQG）与公司未来业绩（ROE_{iT+1}）之间的关系，结果发现模型（2）中文字净语气系数为 -17.6787，在 5% 水平上显著。

由上述实证结果可知，假设 H1 中正面语气与公司未来业绩呈正相关得到验证；研究假设 H2 中文字净语气与公司未来业绩呈负相关也得到验证。需要说明的是，与研究假设提出时一样，回归结果显示负面语气与公司未来业绩相关关系不显著，原因可能与我国 MD&A 披露质量有关，虽然在 2002 年引入"管理层讨论与分析"披露制度后我国一直在着力于改善，但是我国目前的 MD&A 披露质量仍不高，还需要不断地改进。并且存在着一部分上市公司对于负面信息隐瞒少报的情况，因此负面信息少且隐藏深。再加上"管理层讨论与分析"作为分析处理之后的文本信息，对于负面情感词会做出一定程度上的调整，这些都是可能造成负面语气与公司未来业绩直接相关关系不明显的原因。正是基于上述原因，本篇未提出有关负面语气与公司未来业绩关系的相关假设。

但同时从净语气与公司未来业绩呈负面相关也可以看出，谢德仁和林乐（2015）基于管理层业绩说明会的研究中负面语气与公司未来业绩呈负相关也在本篇的研究中得以体现，说明负面语气对公司未来业绩是有一定消极影响的。但如提出研究假设时所述，由于所选取的文本信息源的差异，MD&A 又是年报中的一部分，所以用纸质文字表达，更为正式，准备时间长；而管理层业绩说明会更多是管理层口述，所以会存在节奏、重音等语调方面的问题，存在临时发挥的情况，因此语气词更为明显，尤其是在信息披露中一向喜欢模糊叙述的负面语气。由此，前人的研究结果并不能够完全套用到"管理层讨论与分析"这样一个不同的文本信息源上。

从回归分析中我们可以看出,负面语气中所包含的负面情感在研究假设 H2 中得到体现,这与谢德仁和林乐(2015)基于业绩说明会的研究结果相同,只是由于文本信息源的差异,造成负面语气在本篇的回归结果中与公司未来业绩未出现显著负相关,但是负面影响通过文字净语气这一自变量与因变量公司未来业绩之间负相关得以体现。

二、投资者信心的中介作用

模型(2)、模型(3)、模型(4)主要验证研究假设 H3,实证验证投资者信心是否在文字净语气与公司未来业绩之间起到中介作用(见表 10-4)。

表 10-4 投资者信心的中介作用回归结果

Variable	Model (2) ROE_{iT+1}	Model (3) ROE_{iT+1}	Model (4) ROE_{iT+1}
ZMQG			
FMQG			
JQG	-17.6787**		-18.3518**
	(-2.3574)		(-2.3826)
IC		-0.0662	-0.0661
		(-1.673)	(-1.6544)
MB	0.6561	0.8171	0.0001
	(0.1575)	(0.1945)	(0.2411)
YRET	-0.1588	-0.1616	-0.1287
	(-1.1308)	(-1.1312)	(-0.8880)
LNSIZE	-2.6936*	-3.4032**	-3.1846**
	(-1.8930)	(-2.3009)	(-2.1102)
AGE	0.4597*	0.4687*	0.4757*
	(1.9350)	(1.9319)	(1.9335)
N	891	877	860
F	2.7563	2.2706	2.803

注:***、**、* 分别表示变量系数在 1%、5% 和 10% 的统计水平上显著。

由表10-4实证结果可以看出,模型(2)中文字净语气(JQG)系数为-17.6787,在5%水平上显著;模型(3)中投资者信心(IC)的回归系数为-0.0662,不显著;在模型(4)中文字净语气(JQG)的回归系数为-18.3518,在5%水平上显著,投资者信心(IC)系数为-0.0661,不显著。

研究假设H3未得到验证,说明投资者信心(IC)在文字净语气(JQG)与公司未来业绩之间的中介效应不显著。投资者信心(JQG)能够影响公司未来业绩的一部分原因在于对公司股价的影响,虽然林乐和谢德仁(2015)基于年度业绩说明会,发现投资者会听话听音,对正面语气有显著的正面反应,对负面语气有显著的负面反应,但他们并未研究投资者反应与公司未来业绩是否有关联。谭跃和夏方(2011)研究发现,在股市平静、较稳定时期,投资者情绪对股价的影响作用不大;在股市动荡的时期,由于投资者对于未来前景的不确定性使得投资者情绪很难受到理性控制,这时的投资行为主要受到投资者情绪的影响,这时投资者情绪对股价有较大程度的影响。

因此,在本篇中,投资者信心IC与公司未来业绩ROE相关关系不显著,有可能是因为未考虑到股市大环境以及盈余管理等相关财务管理对于公司股价的影响,进而对公司业绩的影响。

三、强语气程度及每股收益的调节作用

模型(5)主要验证假设H4,每股收益是否在文字净语气与公司未来业绩之间起到调节作用。

表10-5(a) 强语气程度及每股收益的调节作用

	Model(5)
Variable	ROE_{iT+1}
ZMQG	
FMQG	

续表

	Model（5）
JQG	−19.2506**
	(−2.5585)
IC	
JQG × EX	
JQG × EPS	9.5262**
	(2.0610)
MB	0.4110
	(0.0099)
YRET	−0.2858*
	(−1.7768)
LNSIZE	−3.1515
	(−2.1922)**
AGE	0.5327**
	(2.2216)
N	891
F	3.0133

注：***、**、* 分别表示变量系数在1%、5%和10%的统计水平上显著。

由表10-5（a）中的实证结果可以看出：模型（5）中，文字净语气（JQG）回归系数为-19.2506，在5%水平上显著；文字净语气（JQG）与每股收益（EPS）交互项系数为9.5262，在5%水平上显著。交互项系数为正且显著，可以说明，每股收益（EPS）在一定程度上削弱了文字净语气（JQG）与上市公司未来业绩（ROE_{iT+1}）之间的负相关关系。每股收益与公司业绩呈正相关关系，如表10-5（b）所示，每股收益（EPS）回归系数为5.6935，在1%水平上显著，再次用实证的方法证明每股收益与公司业绩呈正相关。

表10-5（b） 每股收益与公司业绩相关关系

Variable	Model（5）
	ROE_{iT+1}
EPS	5.6935***
	−2.2406
MB	−0.1491
	(−0.2916)
YRET	−0.3125
	(−1.6418)
LNSIZE	−3.2304
	(−1.4197)
AGE	0.5187
	−1.3272
N	908
F	2.2141

注：***、**、* 分别表示变量系数在1%、5%和10%的统计水平上显著。

而文字净语气与公司未来业绩呈负相关关系已在假设H2中得到验证。因此，每股收益（EPS）削弱了文字净语气与公司未来业绩之间的负相关关系，每股收益（EPS）起到了调节作用。

第四节 小结

上述实证结果表明，正面语气与公司未来业绩正相关；文字净语气与公司未来业绩负相关（负面情感一定程度的负面影响）；每股收益在文字净语气与公司未来业绩之间起到调节作用，每股收益一定程度上削弱了文字净语气与公司未来业绩之间的负相关关系，假设H1、假设H2、假设H4得到验证。但投资者信心的中介作用未得到验证，即假设H3未得到验证。

第十一章 文字语气与公司未来业绩的关系机理

通过实证结果可以看出上述假设均已得到验证,由于本篇采用数据量较大,文本信息源于2014年深市主板、中小板、创业板近千家公司,因此实证结果对于大多数公司具有一定普遍适用性,从一定程度上来说,具备将该实证结果阐述为机理的条件,以便更加清楚地解释文字语气与公司未来业绩两者之间的关系,使得两者之间有一个更加清晰的脉络,以此达到本篇最终的研究目的。

本篇对于上市公司年报文字语气与公司未来关系机理的研究,主要分为两个部分:第一部分,主要单独针对上市公司年报中"管理层讨论与分析"的文字语气与公司未来业绩两者之间的关系进行阐述;第二部分,将本篇所研究的其他因素、理论放入整体的关系机理研究框架之中进行阐述。

第一节 单独研究框架下的文字语气与上市公司业绩关系机理

上市公司年报中"管理层讨论与分析"的部分文字语气作为定性信

息起到了文本"信号"的作用,这种文本"信号"传递着上市公司管理层在"管理层讨论与分析"中所想要传递的增量信息,这种增量信息当中包含上市公司管理层对公司前一年公司情况的概述以及对公司未来发展走向的预期,这种增量信息不仅仅流于数字的表面信息,而是文本信息当中所透露出的情感,包括正面情感与负面情感,这正是本篇所重点研究的对象。管理层对于公司未来业绩在"管理层讨论与分析"当中所阐述的未来预期也并不是无的放矢,因此这也是对增量信息的传递,可以从直观上反映公司未来发展的管理层期望。相对而言,这部分含有增量信息的上市公司文本信息传递给广大的信息需求者,信息需求者难免会受到增量信息的影响而做出不同的投资行为,进而间接地影响公司未来业绩,从另一种角度来说也是一种信号传递。

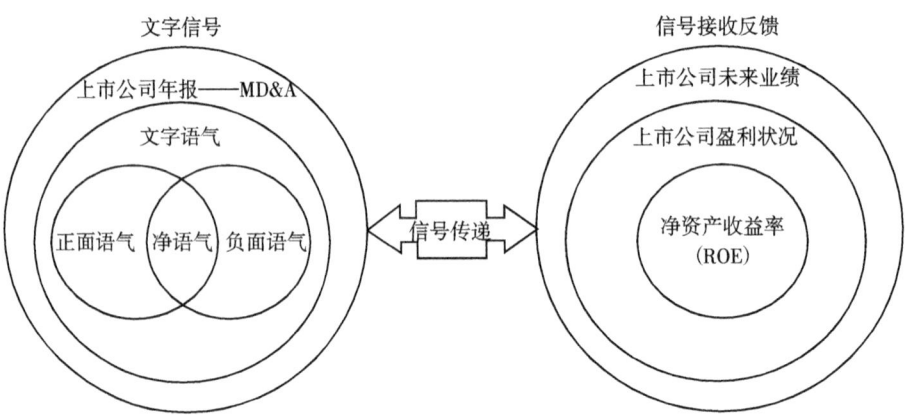

图 11-1(a) 单独研究框架下的文字语气与上市公司未来业绩

从图 11-1(a)可以看出单独研究框架下的文字语气与上市公司未来业绩的关系机理。另外,需要说明一点是,上市公司未来业绩不仅仅是文字信息信号传递的接收者,同时也是反馈者。在公司未来业绩接收来自上市公司年报所提供的文字语气的增量信息之后,上市公司未来业绩会做出相应的反应,这种反应可能是正面的或者是负面的,经过本篇实证研究已经得到了一定的验证。在公司未来业绩做出反应之后,随之而来就是各项财务指标的数字变动,而这些定量信息的变动又将会成为下一年度"管理层讨论与分析"当中预期阐述的依据,这时,上市公司未来业绩又起到了信号反馈者的作用。

第二节 整体框架下的文字语气与上市公司未来业绩关系机理

本节主要研究整体框架下的文字语气与公司未来业绩之间的关系机理。本节将从信息需求者出发,整体梳理本篇研究当中文本信息在传递的过程中所受到的投资者影响因素——投资者信心、公司营运影响因素——每股收益、相关理论因素——信息不对称理论的作用,阐述整体框架下的文字语气与公司未来业绩的关系机理。

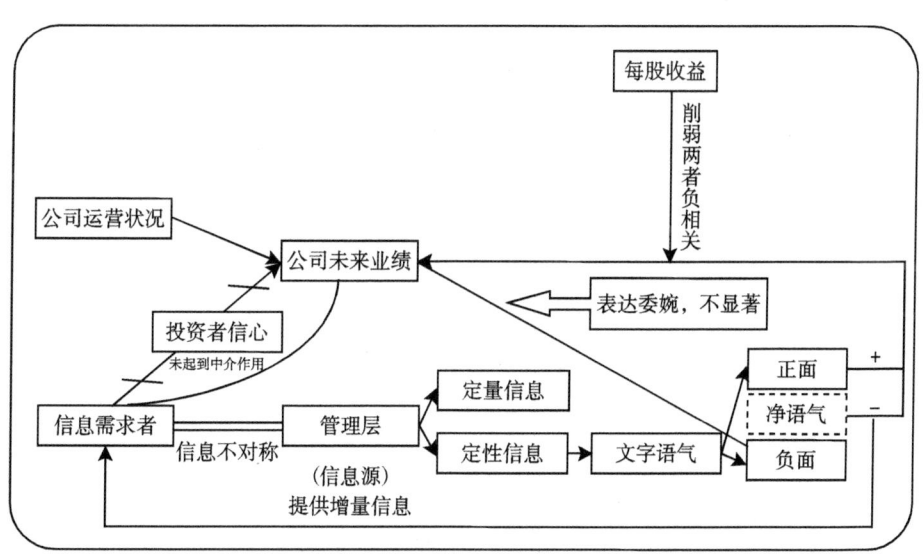

图 11-1(b) 整体框架下的文字语气与公司未来业绩关系机理

图 11-1(b)展示了本篇所阐述的整体框架下的文字语气与公司未来业绩之间的关系机理。市场上存在着广大的信息需求者,这些信息的需

求者可能是个人、机构、股东、公司，他们迫切渴望找到各种途径收集信息以便于他们做出日常决策。而相对于广大信息匮乏的信息需求者来说，上市公司管理者掌握着大量不为信息需求者所知的信息，因此在信息需求者与管理层之间形成了信息不对称。而上市公司每年须遵守规定披露年报，在披露年报的过程中管理层就成为信息源，开始利用信号传递功能向信息需求者传递信息。

对于管理层传递的信息，可以从一定层次上划分为定量信息与定性信息，其中定量信息主要是指数据信息，即能够直观地用数字衡量大小并进行比较的信息。例如年报中的财务报表部分都是直观用数字反映公司在报告年度的财务运营状况，通过与上一年度以及同行业规模相当竞争者的比较，大致了解公司在报告年度的运营状况，其中有一些财务指标各行业各个规模的企业都有相应的标准值，这样就更加便于企业对自身运营状况进行分析。定量信息成为信息需求者最直观得到企业经营状况的一种信息源形式。相比较而言，定性信息主要是指文本信息，可间接传递公司的运营状况与未来发展趋势。由于分析对象是大量的文本信息，对于专业人士尚且不易，对于广大信息需求者中的非专业人士就显得尤为困难，没有数字直观地分辨对比大小，也没有标准值作为比对，采用何种方法来分析何种文本信息就成为急需解决的问题。尤其是在文本信息越来越受到重视的今天，如果说定量信息是一本武功秘籍，那么定性信息就更像是一套内功心法，武功秘籍的招式易学，但内功心法在没有指导的情况下却不易体会。对于定性信息来说是相同的道理，这时文字语气就成为分析文本信息、找出文本中增量信息的一种手段。

年报中"管理层讨论与分析"（MD&A）作为年报增量信息含量多，又具有一定有用性的部分就成为文本信息研究的主要对象，并且近些年来我国对于"管理层讨论与分析"的部分规定越来越规范，虽然还存在披露质量与国外相比不高的弊病，但是经过学者的研究和我国的不断规范，"管理层讨论与分析"作为文本信息源还是有相当的研究价值的。对于"管理层讨论与分析"内容的有用性本篇已在第七章中有所提及，之

第十一章 文字语气与公司未来业绩的关系机理

后对文本信息进行摘录、分析，根据情感词典（中文版）进行情感词的归类，分为正面情感与负面情感，最后本篇再参照谢德仁和林乐（2015）在管理层业绩说明会中所采用的管理层文字净语气的衡量方法，对文字净语气利用所统计出的正面情感词与反面情感词计数。国外存在相关的文献显示"管理层讨论与分析"所包含的文本信息与公司未来业绩相关，国内有其他关于"管理层讨论与分析"披露质量、有用性以及业绩方面的相关研究，这些为本篇的研究提供了一定的研究价值的理论基础，因此本篇从一个新的视角——文字语气，来研究其与公司未来业绩之间的关系。

经过研究发现，正面文字语气与公司未来业绩呈正相关，说明"管理层讨论与分析"中乐观、积极的管理层评价与公司未来业绩具有直接的正相关关系。然而，负面文字语气与公司未来业绩之间的关系却不显著，如上所述，可能是由于在信息披露过程中存在着负面信息模糊表述的情况，因此导致负面文本信息少，这是重要的原因之一。而产生这种情况的根源在于中国传统文化的情感表达方式，中国情感表达较为含蓄内敛，在文字的描述上更是如此，如人们所熟知的藏头诗，将自己的情感藏于诗句的开头处。由于本篇采用的文本信息源"管理层讨论与分析"来自于企业中文年报，企业管理层基本来自于国内，因此在文字表述中难免会受到内敛情感文化表达的影响。另外，由于"管理层讨论与分析"是较为正式、规范的文字表述，虽然是管理层自述，但是与管理层业绩说明会现场口述之后整理所得到的文字材料不同，因为口述中存在着临时性，语气中包含节奏、重音。口语回答相较于文本信息对负面情绪的表述更容易分辨。而文本信息经过整理之后难免会将临时性、口语化或者过激的词语进行删减，这时整个文本信息的语气可能因此而改变。正是由于此种原因才使得本篇中负面语气与公司未来业绩没有显示直接的相关关系，而在上市公司业绩说明会的文本信息源中是呈现负相关的，由此体现的是文本信息源不同所呈现的对实证结果一定程度上的影响。

需要说明的是，本篇未提出负面语气与公司未来业绩呈现负相关的假设，虽然文字负面语气作为单独的解释变量，由于披露质量、文本信息量少等原因与公司未来业绩未呈现显著的相关关系，但是负面语气的确对于公司未来业绩有一定的影响，这就体现在文字净语气与公司未来业绩的显著负相关关系上。这与谢德仁和林乐（2015）基于管理层业绩说明会的研究结果是相同的，只是由于文本信息源的不同使得文字负面语气与公司未来业绩之间相关关系的影响程度不同，而文本信息源的区别便是之前所述口述文本与整理文字文本之间的区别。

在文字语气与公司未来业绩的关系研究中还发现，投资者信心的中介作用不显著，实证结果没有验证之前的研究假设。文字语气对于广大投资者来说有一定的影响力，而投资者的投资又会一定程度上影响股价，这时投资者信心对于企业的发展、企业未来业绩的影响是不可忽视的，尤其是对于上市公司来说。这也是本篇之前做出研究假设的原因。但是本篇实证结果显示，投资者信心在文字语气与公司未来业绩之间的中介作用不显著。在经过查找相关文献之后将可能的原因归结于股市大环境与公司运营以及财务管理方式都起到了很重要的作用。不过，本篇发现每股收益削弱了净语气与公司未来业绩的负相关关系。通常而言，每股收益与公司业绩呈正相关关系，每股收益越大，公司业绩越好。但由于净语气与公司未来业绩呈负相关关系，因此每股收益在其中起到了削弱两者关系的调节作用。

综上所述，在"管理层讨论与分析"中文字信息中的文字语气为广大信息需求者提供增量信息是毋庸置疑的，文字语气与公司未来业绩之间的关系如图11-1所示，文字正面语气与公司未来业绩呈正相关关系，文字净语气与公司未来业绩呈负相关关系，每股收益在两者之间起到调节作用。由于广大的信息需求者与上市公司管理层出现的信息不对称，因此管理层文本信息通过信号传递功能经由"管理层讨论与分析"公开向市场进行传递，本篇研究的文字语调就作为定性信息传递的一种方式，直接或间接或结合其他市场及公司运营因素对公司的未来业绩形成一定的影响。

文字语气与公司未来业绩呈现一种环形结构,这样的连接方式使得广大信息需求者通过年报中透露出的管理层定性文本信息中的文字语气这样一种增量信息在一定程度上可以预测公司未来业绩,从而影响市场及广大投资者对企业未来发展的预期。正面语气预示着公司未来业绩趋好的可能性大,语句中含有负面语气时,预示着公司未来业绩有一定下行风险。其中每股收益起到削弱净语气与公司未来业绩负相关的调节作用,但投资者信心的中介作用不显著。

第十二章 研究结论、政策建议与研究展望

第一节 研究结论

本篇主要采用文献研究与实证研究相结合的方法对上市公司年报中"管理层讨论与分析"的文字语气与公司未来业绩关系进行研究,文献研究主要针对本篇所要研究的主要内容进行文献梳理,主要分为三部分:"管理层讨论与分析"研究综述、中文文本情感分析及文字语气与公司业绩。这三部分的文献研究为后续的实证研究打下扎实的基础。

实证研究采用2014年深市主板、中小板、创业板年报中"管理层讨论与分析"作为本文文本信息分析样本,在摘录年报中的该部分后,共得到909家上市公司的"管理层讨论与分析"作为本篇的文本样本。通过分词系统并对照Hownet情感词典对正面情感词、负面情感词进行统计、整理、计数。其中,自变量文字净语气的衡量借鉴谢德仁和林乐(2015)衡量方法,并依照本篇研究内容做了一定程度的修改。中介变量投资者信心的衡量借鉴雷光勇、王文和金鑫(2012)对于投资者信心计算的公式。调节变量每股收益、控制变量总资产对数、上市年限、市场

回报及成长性数据来源均来自于国泰安数据库与锐思数据库。

实证研究结果表明，在其他条件不变的情况下，正面语气与公司未来业绩呈正相关；由于上市公司年报书面语气较为中性，负面情感表述含蓄，但人们对负面语气敏感度大，因而管理层净语气与公司未来业绩负相关；每股收益起到调节作用，削弱了文字净语气与公司未来业绩之间的负相关关系。但投资者信心的中介作用在本篇实证研究结果中不显著。并且，本篇提出年报文字语气与上市公司未来业绩关系机理，文字语气与公司未来业绩呈现一种环形结构，这样的连接方式使得广大信息需求者通过年报中透露出的管理层定性文本信息中的文字语气这样一种增量信息在一定程度上可以预测公司未来业绩，从而影响市场及广大投资者对企业今后发展的看法。正面语气预示公司未来业绩趋好的可能性大，语句中含有负面语气时，预示着公司未来业绩有一定下行风险。这为以后进一步研究年报中文本信息与公司业绩之间的关系提出一些可能的想法。

通过文本数据前期处理及本篇实证研究结果，发现我国 MD&A 披露中依然存在一些问题未得到有效解决。在本篇所收集的 2014 年深市上市公司年报中的"管理层讨论与分析"的文本信息源来看，披露内容问题依然不容小觑。这也可能是本文假设中关于负面语气与公司未来业绩呈现负相关但在实证结果中不显著的原因之一，由于整理文字语言表达以及自愿性披露范围不够明晰造成部分上市公司对于重大风险、未来展望的遮掩空泛的描述。

经过整理采集文本信息以及实证研究过程中发现的"管理层讨论与分析"所存在的问题，发现上市公司年报中"管理层讨论与分析"内容构成主要存在以下问题：

（1）主观评价未来发展，缺少实质分析。本篇从所收集深市 2014 年年报的"管理层讨论与分析"部分发现，部分上市公司在该部分的描述主要是将历史数据进行了一定的总结梳理，然后便潦草地带过一句或者几句预测未来公司的发展。也有些上市公司在列示公司历史数据之后，在没有多加解释的情况下就在之后直接加上"预计明年将会增长10%，或者降低10%"等这样的语句。虽然不能武断地判定，这样的数据是不真实的、没有经过仔细预算得出的，但是对于广大投资者来说，尤其是针对非专业性的非机构投资者来说，这样没有经过分析的数据难免让人难以信服。这样预计未来的发展从某种程度上来说，至少是从呈现角度上来说会让人认为该数据是主观臆测的，缺乏真实客观性。更有甚者，将这一部分直接略过，也许是出于对公司内部信息的保护，毕竟对于一些同质性、竞争性较强的行业来说，公司未来发展战略、公司未来走向属于较为重要的信息。因此，这些公司也许是出于这样的原因将未来走向的结果及对其分析一同省略，但碍于披露要求，不得不草草以历史数据带过，在之后直接加上一句"未来情况向好""未来情况未知"等类似语句来蒙混过关。

（2）未来预测信息效用性低，投资者参考存疑除了上述的对于未来发展信息的主观评价问题之外，"管理层讨论与分析"部分提供的关于企业未来发展预测信息效用性低，对于广大投资者的参考价值有限。

在对所收集的深市2014年年报中"管理层讨论与分析"的整理过程中发现，部分公司对有关公司经营相关的信息披露较少，尤其是一些负面的经营情况。例如，产品销售积压情况、未来资金周转预算问题等。也许是出于对公司重要信息的保护，或是不影响公司未来业绩展望，又或者是受到中国表达方式的影响——含蓄表达，部分公司都对公司未来发展的"不足之处"描述甚少。但这对于广大投资者来说，无疑在消息方面"损失惨重"。对于机构投资者来说，虽然相较于个人投资者，其专业知识与业务经验较为丰富，但是这一切都需要建立在有一定信息的基础上才可以利用专业知识和业务经验对所得到的信息进行分析与解读。谈及对文本信息的分析与解读，"管理层分析与讨论"未来预测效用性低的另一个原因便是文本信息的不易解读，上述提到部分公司对于未来发展的不良信号信息很多采取含蓄表述，例如，"预计未来一年有下降可能""未来前景不甚明朗"等这样的语句，这些本身属于预测信息，也并未对未来一年可能出现哪些风险、可能由于哪些原因造成这些未来风险做出一些大致描述，只是在这部分用一些负面却不肯定的语气词来描述未来可能出现的风险，难免让投资者感到信息效用低。

一般来说，相对于收益，风险会受到更大程度的重视，尤其是资本市场动荡的今天，股市变幻莫测，风险自然越发受到广大机构投资者及个人投资者的重视。"管理层讨论与分析"作为企业管理层对公司经营情况的评价以及对公司未来发展的展望的重要文字信息，无论是机构投资者还者是个人投资者，当需要做出投资决策时，这些管理层对企业未来发展的评价就显得尤为重要。上市公司管理层也深知这一点，尤其是随着近些年来"管理层讨论与分析"披露的不断规范化，管理层深知越来越多投资者开始关注年报中这部分的描述，这也许会直接影响投资者的投资决策，由于这一原因，管理层对于"管理层讨论与分析"中的措辞就显得更加注意。

（3）依然存在极少数公司年报中对于"管理层讨论与分析"的描述寥寥。自2002年引入这一制度以来，我国证监会要求上市公司对其进行披露，并逐步地完善披露规范，不断细化、规范化该部分内容，但是在收集整理深市2014年年报中"管理层讨论与分析"的过程中发现，极少数公司对于"管理层讨论与分析"存在明显的不重视，一些公司描述篇幅较少，只是草草地描述过去的历史数据，在整个"管理层讨论与分析"部分中很少提及对于未来的展望及管理层评价。若按行数计算其披露量，极少数企业披露量明显不足。虽然这只是极小一部分情况，但是依然可以看出我国对于"管理层讨论与分析"的披露规范的完善依然需要不断推进。在现今规范下，依然存在着"钻空子"与披露"盲点"的情况，这些情况的产生都是与规范的制定分不开的。一套强有力且详细的规范，无论是对于披露当事人——上市公司管理层来说，还是对于信息接收者——广大投资者来说都无疑是一件好事。对于上市公司管理层来说，规范的不断细化完善有助于对总体方向和细节问题进行把握，上市公司管理层能够更加清楚了解在撰写"管理层讨论与分析"这一部分的内容时，总体的方向与具体内容是什么，会减少因为不清楚总体方向和具体内容而随意发挥和潦草应付情况的发生。如此一来，披露人的责任、权利划分清晰，能减少由于义务、权利不明确所造成的"管理层讨论与分析"部分的文本信息描述不清或者信息缺失现象。

（4）自愿性披露效果未显现，是否应依照行业特质进行差别披露？在"管理层讨论与分析"的披露内容当中，其中有一部分内容属于自愿披露，这恰好印证了我国上市公司信息披露制度三种模式中的强制与自愿披露相结合的模式。从一定程度上来说，自愿披露模式给了企业管理层对于信息披露内容的一定自主决定空间，更人性化，更具有灵活性，可以决定该公司想要披露的一些内容，从而调动公司管理层的自主积极性，也让"管理层讨论与分析"这一定性信息，不再成为模板式的管理层自述，而是各具特色。

但是与此同时，问题随之而来，自愿性披露却成为一些上市公司不披露一些重大信息的借口。因为在披露规范的条款制定当中难免会有一些遗漏或偏差，这属于正常现象，毕竟企业实际经营过程中以及资本市场运行中出现的突发与特殊情况都无法预知，这也是规范需要不断完善的原因。这些无法预知的突发状况使得强制性披露有了不可覆盖的盲区，再加上其中的一部分披露内容属于自愿披露部分，因此公司便有权力决定是否披露该内容，因此公司管理层出于私人或者公司未来发展原因难免会不披露或者披露部分信息。在对待这个问题的处理上就需要解决一个核心问题，即如何调动上市公司管理层积极性去自愿主动地披露信息，只有这样，自愿披露才能真正在"管理层与分析"中起到作用。

在文本信息源"管理层讨论与分析"的收集和整理过程中发现，由于行业与行业之间存在差异，有些行业差异较大，披露内容自然也不尽相同。这时，若是要求所有行业在信息披露规范上都一致，有些行业可能会因为害怕泄露重要的风险或者是员工结构等这样一些软性信息对企业自身发展造成阻碍而进行信息造假，或者是随意填写造成"管理层讨论与分析"与年报中信息不相符，这将会成为"管理层讨论与分析"内容质量的一大隐患。关于是否应该根据行业异质性制定不同的规范来约束处在各行业上市公司的"管理层讨论与分析"并不是简单的是与否的问题,本篇在此处,仅仅是在文本信息的收集与整理过程中发现了是否可能由于行业不同造成披露内容的不同而由此产生的一系列后续问题。从一定意义上来说,各个行业之间的差别是不容忽视的,但在披露上是否真正需要细化到各个分行业还需要不断研究,无论今后在该问题的处理上如何选择都应该考虑到可能发生某些上市公司管理层通过捏造信息来迎合规则的问题,这便失去了制定规则的初衷与目的。

第二节 政策建议

面对上述文本信息"管理层讨论与分析"中提到的主观描述现象、信息效用低、信息披露缺失及披露自愿性效果不显著等问题,本篇提出以下几点建议,希望能够为问题的解决提供一些思路及想法,如图12-1所示:

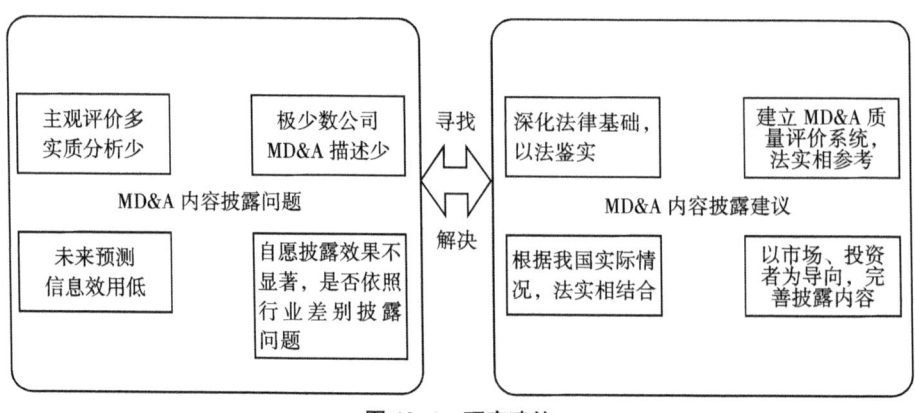

图 12-1 研究建议

(1)不断深化相关法律基础,以法鉴实。由于我国证监会 2001 年才引入"管理层讨论与分析"制度,虽然在近些年来的发展过程中,该项制度一直处在不断的细化和完善过程中,但是相较于该项制度起步较早的发达国家来说,我国在"管理层讨论与分析"方面的相关法律基础依然薄弱。

所谓法律基础,就是"管理层讨论与分析"的相关规范是否由一部或者多部法律不断深化、细化衍生出。例如,早在1931年,德国商法典便对所有上市公司提出编制"管理层报告"的要求,并且还对质量原则有所规定。

对于我国而言,由于我国引入该制度时间较短,资本市场发展不成熟等因素的影响,造成我国在"管理层讨论与分析"部分的法律基础较为薄弱。虽然如前所述,我国证监会在近些年来不断完善该制度的规范,但是据笔者了解《公司法》《证券法》,还未正式出台相关法律规范"管理层讨论与分析"这一引入制度。这与"管理层讨论与分析"能否得到真正意义上的法律保障直接相关,若是我国能够将该制度真正列入相关法律当中,监管方、执行方、受益方都将获益。对于监管方(如中国证监会)来说,有了更加全面、完善的法律来监督、奖励、处罚上市公司,执法的说服力上升;对于执行方(如上市公司管理层)来说,有了更加全面、完善的法律来参照,对于"管理层讨论与分析"的编制目标更加明确,随之而来的便是主观性降低、效用信息量的增加;对于收益方(如个人投资者)来说,更加全面、完善的法律具有强制性,对于必须披露内容,上市公司管理层有法律责任与义务去披露,披露缺失性便得到一定程度上的遏制。

除此之外,良好的法律基础更是应对未来变幻莫测资本市场的重要保障。不断细化完善我国"管理层讨论与分析"的相关法律,对于该制度真正成为"管理层评价经营状况、对未来发展有参考价值"的效用性制度同样有着积极作用。

(2)建立"管理层讨论与分析"质量评价系统,法实相参考。在建立法律基础的"管理层讨论与分析"之上,一套较为完善的"管理层讨论与分析"质量评价系统也是不可或缺的一部分。

虽然近些年来,"管理层讨论与分析"越来越受到投资者及学者的关注,其编制也越来越趋于规范化,但是尚未形成一套较为完善的质量评价系统。李燕媛(2012)从供应链角度研究"管理层讨论与分析"披露,发现想要提升"管理层讨论与分析"披露内容的质量,了解该信息披露各个重要环节及其参与者尤为重要。同理,若想要构建"管理层讨论与分析"质量评价系统,应能够从"管理层讨论与分析"的信息供应角度来把握整体质量,找出整个信息供应链中的关键环节及参与者,制定质量法规加以规范,这样可以使得"管理层讨论与分析"的整体质量得到保障。如果在某一环节发现问题,有相关规范可循,同时也减少或避免问题积攒到下一环节,形成"雪球"效应;反之,如果最终问题严重,不但影响上市公司管理层个人信誉,上市公司未来发展也会因此受到影响,而且影响质量问题处理时长,还增加不必要的成本。构建"管理层讨论与分析"质量评价系统的过程中,应将上市公司管理层作为披露人的责任与义务作为其中一项内容。作为上市公司管理层,同时又作为"管理层讨论与分析"的披露人,具有双重身份的他们,面对两种身份、两种目标,难免存在冲突。例如,对于公司未来可能产生的重大风险,作为上市公司管理层,在真正遇到问题之前,尽可能地封锁消息从而降低市场对本公司未来发展风险预期,这是任何一位上市公司管理层的普遍做法。但作为"管理层讨论与分析"的披露人,当有强制性规范要求披露这些未来可能遇到的风险时,披露人便有责任、有义务披露这些可能的风险因素,即使以后不一定发生,即使可能会影响市场对上市公司发展的未来预期,也一定要披露,这便是两种角色之间的矛盾点所在。因此,如何能够在明确披露人义务的基础上尽量减少上市公司管理层"一人分饰两角"的矛盾,是制定质量评价体系需要考虑的内容。相对地,披露人权利也同时需要考虑。例如,对于强制性与自愿性披露内容的界定需要权衡投资者信息效用性及公司重大信息保密性,不能忽略自愿性,强制上市公司管理层披露一些"商业机密";同样,上市公司管理层也不能以规范中的自愿性披露为借口,对于应披露部分不予以披露,这一问题如何得到妥善的解决对于构建完善的"管理层讨论与分析"质量评价体系同样重要。

从供应链角度来构建"管理层讨论与分析"质量评价系统是本篇提出的构想,本篇尚未能够提出更加细化的方案,但希望该构想能够为提高"管理层讨论与分析"内容质量提供些许有用信息。

(3)根据我国管理实际情况,法实相结合。我国在近些年公司治理的不断发展过程中,引入独立董事制度,希望能够在股东大会、董事会、监事会之外,加入新的监督机制来达到完善我国上市公司治理结构的目的。

近些年来,随着独立董事制度在我国日渐发展成熟,不乏有学者专家质疑独立董事的作用,也不乏文献指出独立董事并未发挥其应有的作用。部分学者认为,独立董事并未对上市公司起到一定的监督作用,独立董事所发表的独立意见因为各种原因未能够在真正意义上说"真话"。独立董事可能因为个人经济利益原因、个人声誉影响因素或者"裙带"关系(指曾是校友、同事关系)而放弃对上市公司决议出示否定意见。无论出于何种原因,此时的独立董事没有起到任何作用。由于独立董事可以起到一定的监督作用,那么对于上市公司管理层编制"管理层讨论与分析"内容,独立董事也有一定的发言权,这样从一定程度上,无疑又为"管理层讨论与分析"的内容高质量增加了一道保障。但是,独立董事是否能够在真正意义上发挥其本身所设立时应发挥的作用,还需要我国不断完善制度来规范独立董事,使其真正意义上发挥应有作用,而不仅仅成为又一收入来源及社会地位的象征。由此看出,独立董事及其发表的独立意见对于"管理层讨论与分析"有着极其重要的作用。

除此之外,协调好董事会、监事会、股东大会三者在"管理讨论与分析"的编制中各自扮演的角色就显得十分重要。由于"管理层讨论与分析"要求由上市公司管理层来编制,但是对于上市公司的其他成员(如上市公司股东)来说,是否从一定意义上来说就没有资格提意见?虽然对于上市公司管理层来说,出于时间、成本等因素的考虑,无法保证能够收集听取所有中小股东关于"管理层讨论与分析"编制的意见,但可以采取定期收集中小股东意见这种方式来听取中小股东的意见,这样有助于提高"管理层讨论与分析"的披露质量。

(4)以市场、投资者为导向,完善披露内容。"管理层讨论与分析"的编制不能在"真空"中,而是需要真正结合当前宏观经济大环境与行业环境。例如,由于当前特朗普政府的贸易保护主义,美国对中国开始实施制裁行动,尤其是对于中国钢铁、铝材等产品征收倾销关税。从宏观环境来看,中国经济进入新的历史发展阶段,经济开始中高速增长,经济发展日趋平稳。但是,不可否认的是,美国新政府上台之后推出的贸易保护主义政策,对于中国的钢铁、铝材制造及出口来说都造成了不小的冲击,对于整个行业来说都是一个新的挑战。因此,对处于该行业的上市公司来说,在进行"管理层讨论与分析"的编制时需要结合行业目前的发展形势以及未来可能产生的风险及机遇做出一定的分析。结合目前的大环境,业绩稍有下滑不能简单地定义为公司运营出现状况或者由其他因素影响造成,不能用单一因素定义公司状况,而是需要结合市场大环境定义公司目前及未来发展状况。

对于广大散户投资者而言,缺少相关专业知识以及信息匮乏是其特点。因此,对于数量庞大、信息匮乏的个人投资者来说,"管理层讨论与分析"编制的可读性是异常重要的。有些"管理层讨论与分析"的编制如果存在过多的含蓄表达、报喜不报忧的情况,那么对于广大投资者,尤其是个人投资者来说,解读是非常困难的。因此,对于上市公司管理层而言,"管理层讨论与分析"的编制不仅要能让业内人士理解,更重要的是能够让大多数业外人士知晓,这便是应以投资者为导向,完善"管理层讨论与分析"编制。

综上所述,我国"管理层讨论与分析"的披露还存在一定问题,从本篇文本信息的收集、整理过程中也不难发现,根据所发现的问题提出针对性、可操作性的建议就显得尤为重要。图12-1展示了针对"管理层讨论与分析"披露问题的政策建议。

第三节 研究展望

本篇主要研究"管理层讨论与分析"的文字语气与公司未来业绩之间的关系,通过实证分析,本篇已经验证了正面语气与公司未来业绩呈正相关;文字净语气与公司未来业绩呈负相关(语句情感表述受到负面语气的影响);强语气程度起到调节作用,语气程度越强,正面语气与公司未来业绩正相关性越强,净语气与公司未来业绩负向相关性越强(语句情感表述受到负面语气影响)。但是,本篇发现投资者信心的中介作用不显著,流通股平均日换手率的调节作用也不显著。虽然本篇在前人研究的基础上,对"管理层讨论与分析"中的文字语气与公司未来业绩的关系研究有所深入,但是本篇研究依然存在问题,有一定改进的空间。

第一,由于对于文字语气的衡量公式是在借鉴前人谢德仁和林乐的研究结果基础之上加以改进的,虽然去除了一部分前人公式中所包含的问题,但是对于该文字语气的衡量公式是否能够在真正意义上适用于所有的文本信息源,是否能够用来分析所有文字语句的文本情感还有待进一步研究。

第二,本篇采用"词袋法"进行研究,将年报中的"管理层讨论与分析"部分摘录之后,按照 Hownet 中文情感词典将情感词与语气程度词提取出来做数量统计,之后在以上数据基础上进行实证研究。但基于词典法判断情感词不利的一点在于词典判定标准各不相同,并且随着时代的发展存在着一部分词的词义及词性强弱程度发生变化的情况,这些都需要词典不断更新。在后续的研究中,需要注意是否还可以采用其他的研究方法更好地进行文本分析的研究。

第三,本篇采用深市主板、中小板、创业板上市公司进行分析,但是主板、中小板、创业板上市公司处于不同的发展时期,上市公司管理层对公司未来展望也会不尽相同,在后续的研究中如果将各个行业进行分类研究是否可以得出新的结论也未可知。

附录 文字情感词的统计分类数据示例

代码	公司名称	正面情感	负面情感	正面情感（计数）	负面情感（计数）
C000001	平安银行股份有限公司	安|称|关注|管|过|好|欢迎|急|集中|奖|奖励|满足|美|期|尚|思|通过|通融|推|向|需|要|应|誉|支持|重视|注重|祝福|抓|准|尊	贷|急|轻|讨|投诉	32	5
C000005	深圳世纪星源股份有限公司	承|管|过|好|集中|立项|满意|美|批准|期|庆|认|容|通过|向|应用|着眼于|支持|重|尊重	批|轻|讨|原	21	4
C000006	深圳市振业（集团）股份有限公司	关注|管|好|狠抓|集中|奖|快|宽松|期|企|尚|通过|向|要|应|支持|注重|抓	贷|讨|原	18	3
C000007	深圳市全新好股份有限公司	并重|称|管|过|好|尽|敬|快|满|期|企|通过|向|需|要|迎接|应用|重|注意	不容|沉重|徘徊|气|说|讨|系|异|原	20	9
C000010	深圳美丽生态股份有限公司	期|需要	讨|原	2	2
C000011	深圳市物业发展（集团）股份有限公司	抓	讨	1	1
C000012	中国南玻集团股份有限公司	管|尽|期|通过|应用	讨|系	6	2
C000014	沙河实业股份有限公司	敢|关注|好|狠抓|快|满意|默许|期|企|认|认可|通过|推|维护|向|需|迎来|应用|支持|注意|注重|准	沉重|冷淡|难|讨|系	23	5
C000019	深圳市深宝实业股份有限公司	并重|感|关注|好|集中|奖|期|认可|通过|推|向|需|需要|要|引领|应用|愿|允|支持|重视|主持	板|呆|凉|难|说|讨|原|责	22	8

| 第三篇 |

红头文件、领导人讲话与国企改革

第十三章 引 言

第一节 研究背景

人所共知,在中国,党和政府是整个国家的最高领导者和管理者,直接影响和制约着国有企业改革的方向和路径。中央企业的出资人和监管者是国资委,它是国企改革政策的重要执行者和监督者。而政策文件和领导人会议讲话是不同层级间国企改革信息传递的载体。不同层级的执行者在接收到上级文件或领导人指示后,会根据不同行业或企业的特点,将有关改革的指示转化为改革的具体行动。阅读关于国企混合所有制改革的文献后,总结为表13-1。

根据表13-1可知,国企改革的问题、国企混合所有制改革的路径以及国企改革的方向研究是混合所有制改革相关研究集中探讨的问题。长期以来,政策文件和领导人会议讲话在国有企业混合所有制改革研究中是一个常常被研究者所忽视的领域,研究者主要是将其作为信息源来解释和论证国有企业改革问题,只有少数学者将政策文件和领导人会议讲话作为具体研究对象来分析其对国有企业改革的影响。郭毅、王兴等

表 13-1 混合所有制改革相关研究

研究方向	学者	研究内容
国企改革问题	陈林、唐杨柳	混合所有制改革与国有企业政策性负担——基于早期国企产权改革大数据的实证研究
	杨建君	大型国企混合所有制改革的关键环节
	黄速建	中国国有企业混合所有制改革研究
	黄速建	中国国有资产管理体制改革30年
	胡洁	新一轮国企混合所有制改革:问题及建议
国企改革路径	李跃平	回归企业本质:国企混合所有制改革的路径选择
	和军、季玉龙	国企混合所有制改革红利与实现途径
	李维安	深化国企改革与发展混合所有制
	孙宗伟	积极发展混合所有制经济,推进国企改革不断深化
	何立胜、孙中叶	国企混合所有制改革的基本路径及选择
	杨娟	论述新一轮国企改革中如何发展混合所有制经济
	汤吉军、年海石	国有企业公司治理结构变迁、路径依赖与制度变迁
国企改革的方向	杨卫东	论新一轮国有企业改革
	何自力	发展混合所有制经济要坚持社会主义方向
	刘崇献	混合所有制的内涵及实施路径
红头文件、领导人讲话研究	郭毅、王兴等	"红头文件"何以以言行事?

(2010)选取了2000~2005年的六个改革文件,运用语义学和语用学知识,借鉴文本分析和语篇分析的框架,探讨国有企业改革中红头文件的影响机制。他们认为,红头文件中的肯定性语篇界定了改革的性质和目标,做到了以言行事;影响性语篇规定国企改革的具体内容,做到以言取效;通过红头文件中大量的行动陈述,影响了主体的行动,实现了影响国有企业改革的效果。

通过以上分析我们发现:①国企改革中混合所有制相关文献很少有人从"红头文件"和领导人讲话的视角来研究。②语言学研究方法在国企改革研究中应用得不是很广泛。③深入到企业研究是国企混合所有制改革研究所缺乏的部分。目前已经公布的一些改革方案和措施也需要企业案例的论证。

本篇选取了中共十八大以来中央层面、国资委层面和中央企业层面的政策文件信息、领导人会议讲话中关于混合所有制改革方面的内容，运用语言研究方法——文本分析和关键话语分析等方法，探讨了"红头文件"和领导人讲话对国有企业改革的影响机制。最后选取几家特定的中央企业，实际分析其如何利用上级政策文件和领导人会议讲话来推进国有企业改革以及改革效果。

第二节　研究内容

国企改革问题一直困扰着中国国有企业的发展。党中央、国务院是国企改革的重要领导者和管理者，国资委是国企出资人和直接领导者，国企高管是改革的具体执行者，研究其发布的红头文件、领导人会议讲话对于国企改革的意义重大。本篇通过分析不同层级间政策文件和领导人会议讲话的言语系统，探究其对国有企业改革行为主体的行为影响机理，最后得出相应的政策启示。

红头文件、领导人讲话对国企改革的影响是一个政策信息不断传递、获取、反馈的过程，本篇以红头文件、领导人讲话政策信息的传递为主线，从文本分析的视角，探讨红头文件、领导人讲话对国企改革的影响路径与机理。研究发现：第一，红头文件、领导人讲话的传递路径分为三个层级，分别是党中央及国务院、国资委、中央企业，三个层级的政策传导路径呈现环状，并且传导路径与各层级红头文件与领导人讲话文本内容共同演化。第二，从三个方面探讨三个层级红头文件、领导人讲话对于国企改革的影响机理，分别是文本时间、文本结构、文本内容，共同构造了三层级言语系统对于国企改革的影响机理。从文本的具体分析中，我们可以发现各层级红头文件、领导人讲话的言语特点：党中央、国务院的红头文件通过方向性词语来构造影响国企改革的言语系统；国资委通过解释和细化第一层级文件来起到影响国企改革进程的作用，是政策具体的执行者与监管者；中央企业主要通过具体改革行动的选择与制定来构造自己改革的言语系统。

第三节 研究框架

本篇共分为六个部分：第十三章，引言。介绍了红头文件、领导人讲话对国企改革影响的研究背景和研究意义，为本篇正式开展研究做铺垫。第十四章，文献综述。分为四大部分：首先，对国企改革的相关研究又做了综述，其次，整理了语言学研究方法的理论基础，再次，对政策文本研究做了文献综述，最后，对红头文件、领导人讲话与国企改革之间的研究做了文献综述小结。第十五章，研究设计。先提出研究框架，然后介绍具体研究方法，建立语言学方法研究模型。第十六章，对样本进行文本分析，分别得出逻辑框架。第十七章，根据第十六章文本分析的结果得出红头文件、领导人讲话对国企改革的影响机理。第十八章，结论、建议及研究设想。根据文本分析结果给出有建设性的建议，并对未来研究提出具有可操作性的设想。

第四节 研究方法

本篇除在文献综述部分采用文献法外，主要采用语言学的研究方法，在具体分析中部分用到统计方法。语言学方法又分为语义学研究方法和语用学研究方法，本篇主要从语义学角度，采用杨正联教授提出的文本分析法，文本分析可分为行动、现实、评价和结果四种语句类型，包括句子的结构、句子的内容和句子中用词的分析。通过文本分析，寻求隐含在文本中的语意。在部分具体分析中采用语用学角度的语篇分析方法，借用 Bhatia 对政治性语篇的分类。

第五节 技术路线

本篇的技术路线如图 13-1 所示。

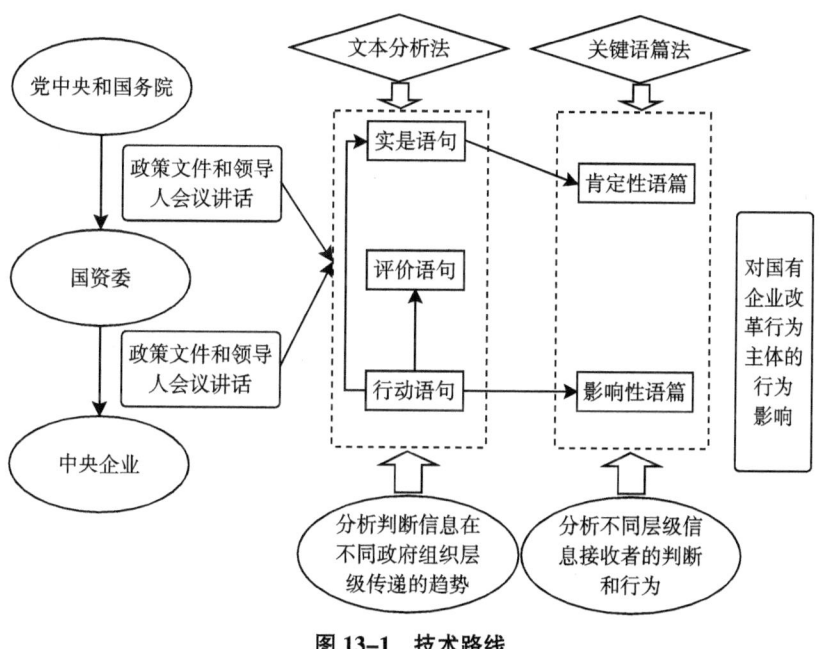

图 13-1 技术路线

第十四章 文献综述

本章对红头文件、领导人讲话对国企改革的影响机理进行文献综述,主要分为四个方面:第一是国企改革的研究综述,第二是研究方法——语言学理论的回顾,第三是有关政策文本的研究综述,第四是红头文件、领导人讲话对国企改革的影响研究综述。

第一节　国企改革研究综述

一、国企改革环境

刘江会(2001)认为国企改革的原因大致可以概括为以下几点:"管理制度残缺""人力资本缺乏""计划经济制度",国企改革的大环境就是计划经济制度,缺乏人才,又有过去计划经济体制的深刻烙印,所以我们的改革必须是渐进式的。

胡迟(2008)认为,国企改革的实质是中国经济政治环境与国企改革制度是否可以有效结合以及该如何结合的问题,政府、企业与市场有效结合才是提高国企改革经营效率的关键。从理论上来看,渐进式改革就是有效处理三者关系的解决之道，同时应兼顾改革对于国企改革环境的影响，毕竟改革成本具有很大的不确定性。

杨旷辉（2016）认为，中国的市场化改革是一个渐进的改革，要维护国有经济的基础，兼顾民营经济的发展。但国民经济是大量资源的掌舵者、占有者、支配者，严重挤压了民营经济的自由发展，中国的市场已经形成了一个"半市场半计划"的不正常的经济形态。中国市场化并不健康，按照世界经济自由度来衡量，中国各领域并不平衡，一些领域根本没有资源也没有得到发展，所以要改革。杨旷辉把中国改革分为三个阶段，他认为中国当前正处于第二个阶段，初次、二次、三次中的二次阶段。他认为二次改革阶段是中国改革的实质改革阶段，二次改革要解决政府强制干预经济以及市场化水平不均衡的问题，转变国有经济比重以及政府职能，对旧体制进行彻底改革。他认为，改革过程应该是激进与渐进的交替，不应该是单一的渐进或者激进，二次改革应该以激进为主，较彻底地消除计划体制因素。

二、国企改革问题

黄群慧（2013）认为，国企改革在推进国企分类进程、混合所有制改革等方面取得了一些成效，但是，企业转型、资产证券化等问题，构建新国资管理机制以及规范公司治理结构等问题依然阻碍改革道路。地方国企一直存在政令不达的问题，如何实现政策传达是重中之重，必须运用一系列诸如员工持股、分类改革等因地制宜的政策，逐步推进，这就是国企改革应该保持的方式方法。地方更应该结合自身实际情况，制定出符合地方自身环境的改革路线，因地制宜，根据中央国有资产改革方案，开展自身的改革，管理好资本，推进动地方融资平台企业改革，有效融资，建立国有资本投资经营公司，促进地方国企的有效改革。

高岩（2016）认为，我国的政府具有特殊性，在国有企业的管理中居于至高无上的地位，这决定了国企在国民经济中的地位，这是由我国现有的国情决定的。政府在推进国企改革中有效发挥了自己的职能。现阶段，部分政府能够有效发挥自身职能作用，促进国企改革，但也有部分政府无法与市场化改革模式相适应。所以在新一轮改革进程中要加快现代企业制度建设，推行政企分开，去行政化。

杨建君（2014）认为，国企改革关于混合制的部分尤其突出，要管理好三大因素：其一，政府的权力放不放，怎么放，放多少，如何发挥经济成分活力，而不受政府限制。其二，去行政化，国企改革自身管理问题一定要妥善解决，应取消大型国企及其领导人的行政级别，有利于加快改革进程，调动不同所有制成分的积极性。其三，国企混改中，因为涉及不同的经济成分，一旦混合一定要清楚自身定位，这样才能保障国企改革顺利进行，也是保障各种经济体制迸发活力的关键认知要素。

三、国企改革方向

和军和季玉龙（2014）对于社会主义市场经济体制发表了自己的见解，他们认为，社会主义市场经济体制需要在国企大刀阔斧改革前先进行完善，这是混合所有制改革的关键性前提。社会主义市场经济体制的健康发展是政府有效应对市场的结果。一定要把握好二者之间的关系才能保障混改顺利实施。受制于自身环境，包括市场经济发展阶段、基本经济制度、政府治理以及政府法治能力等，我国的改革必须循序渐进"平行协调式渐进改革"，要注重积累经验，注重改革顶层设计，注重生产要素化改革，创造企业改革的良好环境。

杨娟（2015）指出，多种资本共同发展是我们国家今后的经济发展方向和常态，作为其中有效的一种资本结构，混合所有制经济自然必须提倡，要想促进多种所有制资本的共同发展必须进行混合所有制改革。作为非公经济组成部分，在新的混改提出以后，要抓住机遇，迎接挑战，通过完善自身治理结构，与公有制经济一起发展、协同发展，来促进国企改革实行。应先将国资中的竞争性业务和非竞争性业务分开，成立专注一项职能的专业性更强的监管公司。他认为，要强化国企改革，务必积极发展混合所有制经济。

四、混合所有制改革

胡洁（2016）认为，中共十八大报告和中共中央第十八届三中全会提出了国企改革的新方向，混合所有制改革被一再提到。中央一级地方国企都积极响应号召，为促进混合所有制经济改革，纷纷提出一系列措施。例如国有股比合理化的提出，公司应结合自己业务特点改革。具体来说，不同类型的公司，国有持股比均有所不同，对于政府出资的公司，国有持股比可以适当高一些；对于公益性企业，我们要多参与，使国有股减持；而属于竞争型以盈利为第一要义的生产经营性企业需要减少国有股比例，让市场来主导。

周利国和刘军（2005）对于"新国企混改"提出了关于其本质和发展思路的相应观点，他们认为市场与国有企业的发展息息相关，市场良好发展是国企良好发展的前提，国家持股的国有企业需要与市场相结合，才能发挥自身产能作用，发展混合所有制就是与市场结合的重要举措，运用市场的方法、市场的生存手段、市场的公司治理机构与机制，以及市场化的经营模式与经营手段，建设自己的企业家精神以及企业文化，转变计划经济体制残留的问题，真正实现国有企业的发展与腾飞，这是国企脱困的需要，是国家经济发展的需要，是人们日益增长的经济需求的需要。针对这些情况，必须厘清产权关系，提出一系列改革新制度辅助国企健康改革，扶持新国企的发展。

曹春方（2013）认为政治权力有转移的现象，企业同样如此，尤其是国企。在旧的计划经济制度下，政企不分，官员也是董事长，从董事长的更替也可以来反省国企改革的官员因素问题。研究企业发展，看看领导人变更与其改革思路效果的变化关系，是一种比较好的研究思路。由于中国的特殊政治制度，企业投资受到政治权力的深刻影响。曹春芳选择中国官员的更替和对应的省党委书记更换研究投资与中国官员变化的关系边界，得出结论：当地国有投资和过度投资受到当地官员一年中异地调整转移营业额的影响，减少了当地上市的股票投资。这些表明，中国官员权力确实影响到当地企业的运作，但是没有足够证据证明权力的合法转移带来了不合理甚至不合法的资产转让。中国官员的调任更适合研究政治权力，而非经济现象。此外，结果还受到市场因素的干扰，投资经理的激励、当时股票市场利好等市场因素无法控制周转频率的变化，所以结论也只是为我们提供一种思路。曹春方的研究结论开拓了政治权力与国企改革的研究视角领域，也为我国国企改革中优化政企关系提供了参考。

五、制度理论研究

本篇研究国企改革，选择的视角是政策文本对其的影响，是制度理论的视角。社会学制度主义里提到"制度包括正式规章、秩序和政策等，还包含框架性的部分"。这种理念将文化也定义为制度，将政策文本定义为制度的一部分。政府制度定义了政策的三个特征：一是公共政策的合理合规性，二是广泛普遍性，三是强制执行性。如此政策文件才得以发挥其制度效能，对民众发挥其影响力。制度是一套框架，在制度主义研究中，制度已经成为一种习惯定义，规范、专业的政府制度具有持久性，有利于政策的形成与实施，为社会需求服务。

历史制度主义当然应该从历史谈起，其中在研究历史制度主义的进程中形成了三个鲜明的时代特点：非对称、路径依赖性、政治多元性。人类的发展需要历史，以史为鉴，这是我们思考的理性依据，以此治国、行军、平天下，当然，我们不能忘记重要的制度，制度提供了理性的温床，民族政治需要历史体系的积累与发展。

历史制度主义是一个鲜明的制度理论，强调制度形成的历史性，过去与现在之间的影响关系非常鲜明，这就是一种历史制度主义下的路径影响机理。政策的形成并非一蹴而就，往往上一个阶段与现行阶段具有千丝万缕的政策联系，这就叫路径依赖。有了这种路径我们就可以借此来分析政策的形成、影响及发展。路径依赖是政治制度的形成影响因素，这种影响是决定性的，变迁还是固守，都由它操控。历史制度主义为政策路径依赖提供了理论支持和依据,历史制度主义不仅强调从国家政治例如社会革命、国家民主化建设中找历史原因,还要从经济、文化模式中找原因,在变迁的多角度中寻找政策的延伸性,挖掘其因果关系。

国内有许多学者都严谨地对历史制度进行了研究和定义,朱德米发表文章从根源上探讨历史制度主义的渊源以及与我们现行制度的关系。这是新的制度主义思潮。他定义了这种历史制度主义。何俊志(2002)梳理了历史制度主义的发展历史,以及它对制度形成的影响,是对于政策形成的决定性定义,开创了历史制度主义研究的先河。许多学者还用历史制度主义形成研究框架,研究如国企改革这样的大事件。杨光斌从历史制度主义的视角探讨对于制度的影响,对于国家治乱的影响。王庆兵在国内外政党研究中,认为历史制度主义使选民有了不同的投票行为,这是制度的原因。何俊志认为,人民代表大会制度的历史制度主义有其必然性,将继续开发和发展落实。

第二节 语言学方法研究

本篇主要运用文本分析方法,文本分析法出自语言学方法,是一种内容分析法,属于语义学的范畴,要用到编码。从语义学的角度来看,作为交流工具的语言文本,承担起了编码外部世界、表述世界情感的作用。本文运用语言学中语用学与语义学的研究方法,深入回顾了国内外有关研究中语义学、语用学的区别。接着是言语行为理论的发现与发展。最后是话语分析的内容,因为本篇涉及对领导人讲话的分析。

一、语义学与语用学

Grice(1989)对于语义学与语用学的研究做了基础性的描述,他没有直接使用这两个词,而是用"所说的""所蕴含的"来描述这个问题,这就是表层与深层的区别，同 Morris（1946）所持观点如出一辙，"符号在全部表述内容中的意义就是语义学研究的内容，而语用学研究的是符号来源"。"所说的"也就是语义学所指的，一个真值内容所蕴含的即非真值，剩余的部分。殷杰和郭贵春（2002）认为，语义学是一种研究语言内在逻辑的知识，而语用学是一种研究如何使用这种逻辑的结构化知识。王向东和刘川（2005）认为，语义学和语用学一个是语义的表现研究，另一个侧重运用规律的研究，语义研究 A 是 B，例如"刘董是我们的亲人"，而语用学研究"说话人 C 通过 A 来表达 B 的意思"，例如某领导对小李说，"小李，刘董！"意思就是让小李送刘董出去，在不同语境中自然有了不同含义（Leech & Geofrey，1983）。

在传统语义意义和非常规意义的区分上，通过惯例的对话，用常识的语言来表达，它是出发点或交际意图的载体，只有拥有这种基本的常规意义，才能在许多情景下交流。非传统意义上常说的情境，尤其是语言的场景，不仅限于字面意义，从语言使用者的角色出发，随着语境的发展具有非传统意义。用一句话来形容非常规意义，就是"说话人对听话人造成的影响"，行为指示远远多于字面含义，这就使得语言具备了交际功能，在一定的环境中人与人的交流可以达到预期，语用学研究便是这一层次的研究，不仅涉及字面意义，而且包括许多与语言区别的因素。

殷杰和郭贵春（2002）认为，语言的意义不在于事物而在于它的作用，表达了怎样的规则，不在于它的词语，而在于形式情境。维特根斯坦指出，语言的意义最好能表达自己的使用功能而不是字面事物，这是他在《哲学研究》中提出的语用学的表达。Peregrin（1999）指出，"语用学，语言理论的核心就应该是如何使用语言符号的哲学"。这种观点虽然有许多学者表示赞同，但一直未受重视，直到奥斯汀言语行为理论横空出世。语境的影响不仅是语义学研究的重点，而且是句子本身的意义。何自然（1996）认为，仅仅研究语言本身的意义对于交流是一种阻碍，研究真值性并不能完整表达词句的全部内涵。张旭春（1998）认为，真值性是句子意义的唯一标准，与实际情况的相符度就是判明句子真伪的标准。与实际情况一致就是真陈述，不符就是假陈述。Searle（1980）则认为，应该关注语言在不同情景下的功能以及使用。

二、言语行为理论

言语行为理论是奥斯汀对于语言学研究的一大贡献，属于语用学的范畴，是语言学中重要的组成部分，对于语言学研究方法具有不可替代而且长远的重要意义。James（1978）指出，语言研究应该以句子表达意义、社会功能为重点，不该仅仅关注句子本身的结果，意义、意图、功能才是人际交流最重要的部分。Dewey（1920）同奥斯汀的观点出奇地一致，他认为语言学的研究中心就应该是言语功能，而不是语言的语法的表面形式。奥斯汀的言语行为理论恰恰也是这个观点。语言研究重点也从单句向语篇，从语言向语言使用者、语言环境转变（刘祥云，2007）。

奥斯汀的《如何用词做事》这篇文章在 20 世纪 50 年代末发表，首次提出了言语行为理论，指出人的语言交际应该放在句或词中完成，人类语言交际应该放在句子或者词需要完成的行为上，而非其表面的语言形式，人说话实质是一种行为表现，关键看想要完成的行为。在奥斯汀的言语理论之前，语言本身的陈述功能居于主导地位，大家仅仅在乎字面意义的理解。[①]

奥斯汀的一个巨大的语言学贡献就是言语行为理论的背后活动的种类划分，这个划分具有重要的语言学意义，为语言学研究提供了很好的范式。后来在他自己以及其他学者的研究中指出，仅仅用叙述话语以及施事话语这两个词来划分所有言语，将没有办法区分，因为人们的无限多的话语之中，叙述以及施事两种性质很难区分。这是很大的一个困难，如果无法解决，语言学的研究还将是以这种语义研究为主导。终于，奥斯汀提出了从言语理论出发的三分结构。"以言表意"是句面意义，"以言

---

① Austin J. L., J.O. Urmson, M. Sbisa. How to Do things with Words [M]. Oxford University Press, 1975.

施事"是行为意义,"以言取效"是效果意义。三分法对于语句有了很好的区分。以言表意就是一个陈述叙事的功能,例如"出太阳了";以言施事就是让某人做某事,通过陈述动作从而让人采取一定行为,如"把伞拿来"。以言取效,就更加隐晦一点,指说话者说了某些东西后的影响并不止这些东西,具有更多的后期效果。通过说A,某人做到了B。

当然,奥斯汀的言语理论并不是全能的,它是语用学的一部分,它需要适当的条件,三分法并不能言尽所有语言情境,必须有一定的规范性程序才可,这一程序包括由特定的人在特定的场合、特定的场所,面对特定的语言人群,有特定语言的要求,对话双方必须按照条件执行。只有满足以上条件才可以做言语理论的分析。

美国人塞尔在巨人肩膀上进行了更加细致具体的研究,拓展了奥斯汀的三分法理论的领域,在许多期刊上发表了自己的言语行为理论的具体拓展和创新。其中,施为语句的提出是他对于言语行为理论最大的发展,他认为应该重点研究施为语句,它是主要研究战略性内容,有了施为语句,就有了语言语句的纲领。间接言语行为理论是他提出的又一大亮点,他深化了言语行为理论关于施为语句这种语句类型的解读研究。还有间接性言语理论的研究范式,他认为话语本身之外效果的取得靠的就是间接性言语行为理论,是弦外之音,是言外之意。总之,有了间接行为理论,语言学研究会更加深化和细化。简单的言语行为就可以表现交际意图,当我们通过话语信息取得了话语自己本身之外的效果就是间接言语行为理论的内容。

三、话语分析研究

本篇中所用到的样本包含领导人讲话,对领导人讲话的研究层出不穷,各界人士对其都进行了各种角度的研究,但是成果却很有限。国内有许多翻译的著作,有一套英国出版的关于领导力技能的综合性丛书提到领导人语言的问题,侧重点在于如何讲话,而不是研究讲什么。类似的有关领导人讲话的技能型丛书大多缺乏语言学理论的支持,没有取得理论实质性的进步，并且大多是拾人牙慧，缺乏创新。本篇从话语分析理论的视角研究领导人讲话，具有较大的理论以及实践发展空间。

根据对语言学研究的回顾可知，运用语义学和语用学的方法研究管理学的问题还处于探索阶段，我们运用这种半统计的语言学方法研究管理学问题是一个新的探索，有助于我们找到新的理论观点与视角。

第三节 政策文本分析研究综述

一、政策文本的定量分析

涂端午（2007）采用定量分析方法研究了高等教育政策的文本，它具有时间长、内容量大、文本量大的特点。他认为公共政策就是条例、法律法规等形式表现下的政治产物，是一种源于政治系统的东西，是一种源于政治生于政治的内生性产物，是一种像政治权利一样高效的内生性产物。这种释义来源于《新牛津英语词典》公共政策的定义。他认为，在政治、经济、社会等诸多因素的影响下，在政治中有一个特殊领域综合作用的概念，它随着各种综合因素的变化而变化，与社会紧密相连，随其变动而变动。政策的变动进化反映的正是这个领域的社会情况、组织结构、政治形态等的变化。因此，政策文本的研究有利于社会真实情况的真实反映，有利于政治意识形态的良好体现，有利于披露政治发展的轨道，有利于政策分析演变规律的良好探索。涂端午认为，对政策文本和文本编码进行定量分析是非常重要的，因为政策文本数据中信息量大，决策主体占主导地位，政策对象是党的政策的直接行为接受人，是政策的响应和实施者，其中必然包含大量政策目标、政策实施数据等信息，我们有必要进行定量分析。这样才能不仅在宏观上，更加在微观上把握政策文本的全部信息量，不浪费、不逾矩。这样必然能够检验我们的政策理论、政策目标与社会境况的合体性、适当性，只有如此分析，才能验证我们的假设和理论。涂端午在高等教育法相关政策语言文本研究中选取了关键性的数据，才完成了这样的定量分析，他选择的是《中华人民共和国现行高等教育法规汇编》中关于政策语言的大量数据，包括1979~1998年所有有关高等教育法律、法规的有效政策文件，通过比较分析，以及大量的数据对比验证，不仅总结得出高等教育的宏观定性概况，还得出了微观数据统计，得到了第一手的信息资料。

本篇借鉴的研究方法主要来源于下面一些学者的研究，当前，国内政策文本的研究还是很落后，没有标准，也没有系统的操作性政策分类方法，而且信息大多都非量化。汪涛和安璇对政策文本研究做出的巨大贡献就是，对政策文本分类标准和编码做了一个标准体系，他们借鉴的就是"扎根实践理论"，首先是信息提取，其次总结并提出概念，最后重组概念，这可以有效地形成一个系统。汪涛和安璇（2013）指出，信息化的加工处理是对政策文本进行研究的必要手段，毕竟文本都是高严的成文性的文件，必须对其概念以及边界进行文本界定，进行基本的信息化描述。汪涛等研究的是科技部的科技政策文本，选取的是1979~2007年的政策文本数据，它们全都是国家科技部的关键性的科技文本，数据量极大。除此之外，他们还开展了一系列对文本进行信息处理的工作，例如区分文本关键要素，当然要在结构分解、归纳分类的统计手段下进行，通过对949条国家科技政策本文的分析，终于得到了一套科技政策的有效要素分类系统，包含了内容、主体、关系、客体、联系类型等系统要素。除此之外，政策要素系统还包含第二个层级，在第一层要素系统下，下设第二层要素体系，与第一层要素一一对应，形成了关系图谱，实现了政策文本语言的分类标准，这也是他们最大的语言学贡献。在语言体系中在这些要素下设若干二级区分要素，表明它们之间的关系，形成了中国科技政策文本的关系图，最大的贡献是实现了政策文本的编码以及分类标准。该研究首先对1996~2007年的108条国家科技部政策文件进行了扫描，编码标准如上文所述，结构化分类以及编码是其主要手段，对于政策主体、内容、客体等都进行了分类以及编码。

二、政策文本的定性分析

王保华（2012）认为，文本政策研究可以从环境、好处、价值等角度切入，这是一种有效的定性研究方法。他研究的是公共科学与文化的融合问题，将政策文本的分解作为其独特的研究视角，解决了"学术文化"和"决策文化"相分离的问题。他选取了《关于管理并加强高校以全新的机理和模式试办特立学院管理的许多意见》作为自己的政策样本文件，从政策环境角度研究探讨政策利益相关者也就是制定者与遵循者的关系，以及从政策社会价值三个方面进行定性分析文本研究，得出了相关结论。他认为独立学院是丰富高等教育资源的有效方法和途径，无论是利益还是环境抑或是价值，都是对高等教育办学机制和模式的一种创新型探索。

林鸿飞、战学刚和姚天顺（2000）认为，物理探究也可以运用政策文本分析方法，它们与物理逻辑结构息息相关，可以用武力向量模型构造文本分析方法，即层次文本分析法。层次分析方法可有序划分有效信息，它是理解文本政策的主题思想的有效武器，能够很好地解释文本内容。它的构成要素有层次划分、标题释义、相关性段落、有关文本等。如此可以得出文本主题以及各层次、各段落的关系。

汪樟发和汪涛（上文中提到他们已经运用过文本分析方法）同王毅和吴贵生（2009）一起研究探讨了技术政策内容分析问题。1992年以来的企业技术运行中心的政策文件是他们主要选取的政策样本，为得出政策的落实以及演变情况，运用的是政策文本定性分析方法，总结这些政策演进的背景、主客体运用情况、所要达成的目标、运用方法等的特点。他们认为，政策文本的研究具有渐进的特点。政策文本对于企业技术影响很大，同样具有演进的特点。经过了一些因素的完善演化，他们认为资格认定、资金补助以及税收问题等都有提及，政策中关于文化、人才、合作等都缺少相应的政策指导，这就是其政策文本分析得出的观点。

杨正联（2006）在政策文本分析方面，有了一个巨大突破及贡献，他的一个对于政策文本进行分析的框架为学界所接受，成为大家经常使用的分析框架，本篇使用的也是这种分析框架。政策、文本、符号、意义，这些都是语言背后需探讨的问题，杨正联（2006）创造的分析框架就是要探讨政策主体与客体以及符号与背后含义之间的关系，即将文本政策进行结构定性，分为决策性语言、制度性语言、释义性语言、评价性语言、回答性语言，再进行政策文本创造主体与施为客体之间的关系划分。他提出了研究主客体之间关系的三种路径，第一种就是权力行为到权力具体化行为，又可以说明为：下达命令—请求、监管、建议—协作等组合；第二种是权力行为—权力行为或权利行为，权利行为又可细化为对抗型、交易型两种形式；第三种是权利—权利路径，包括三种类型：竞争型、非对抗型、合作型。该研究有效地为政策文本研究做出了可操作性示范，是一种业内认可的公共政策文本分析的有效框架。杨正联的文本分析框架有效搭建了政策主体对于客体乃至整件事情的影响，是通过文本传递的分析框架。

杨正联（2006）创造的公共政策文本语言解读的方式由四大因素构成：理论语意、基本观点、研究方向、基本段落，它们共同构成了释义方法。他提出，要想真正理解政策影响机制或者政治运行治理机制的传递，必须解读公共政策文本及话语活动现象。社会科学研究中，无法离开研究政策影响的公共政策文本，即话语研究。形成科学化的文本解读是其根本目的，并不是批判政策，深化政策，我们只求解读政策的传递和发展，文本解读的主体并非政策制定者，也不是依附者、宣传者，而是独立于公共权力的系统化的方法论者，我们可以更好地了解政治系统运行机制和公共治理机制。

三、政策文本的综合分析

龙献忠、刘志国（2006）研究了中国以及海外的大学自主权政策，运用的也是语言学的政策文本分析，通过梳理文本政策从而得出结果。他们发现，在地区差异、历史演变、政策规律、法律法规、利益与责任、政府与大学关系、文本内容七个方面之间有明显的共性和延伸性。他运用基本的统计方法梳理出了1978年以后10项专门性自主权政策的中国大学自主的有效说法。他认为，必须建立适合我国当代大学发展的制度和治理结构，从大学、权力主体、组织类型等方面构建大学自治。

王迎和魏顺平（2012）研究的是大学的教育政策，运用了文本分析的语言学研究的文本方法，政策文本的探讨制度、政策文本的有效执行监管以及政策文本的执行结果考察是三大重要的教育政策文本内容。这个过程是一个迭代的过程，没有起点，没有终点，每个环节都可以作为出发点和终点，这个评估就是运用文本分析的方法，是综合性的。关于教育政策，首先要用政策文本的框架研究方法对其进行评估，应该将框架以及研究过程作为教育文本的研究内容。首先建立教育政策文本的评估框架，然后选择计量分析方法，选择主题词、制定单位、发布时间、文件的路径等作为分析角度，运用现代化的统计度量工具，优化政策文件分析过程，从而既有定性亦有定量的一个综合性文本分析的过程就形成了。

四、政策文本的空传研究

本篇研究红头文件、领导人讲话对于国企改革的影响，其实质也是研究一种政策的传达对于社会的影响研究。政策是否能够传达到，政策传递情况如何，是否有空传现象，在学界早有研究。在20世纪90年代，中国的学术界已经开始研究公共政策，并在文本研究中展现出了某些学术兴趣。《政策科学》等学术著作的诞生证明了这一点，陈振明（1998）是其作者，他认为政策需要灵活实施，被政策领导者应该对政策有自己的理解，结合自身情况制定相应的政策行为方法（指没有经过制定者领导者的同意，具体问题具体分析的做法），对政策加以修改并推进实施。但原则上还要与制定的政策具有一致的目标，这样就不需要不折不扣地执行，只对其原则和目标进行遵从。庄垂生（2000）认为普遍存在政策具体化的行为，这是一种普遍的政策传递现象，是合乎情理的政策推进现象，属于合适的政策实施现象。政策变通模式是为大家所接受和认可的概括性模式。陈振明（1998）指出，政策变通大概分为三种变通形式，就是神似和形似的关系区别。"求神似，去形似"就是第一种，它是最为提倡的正确的政策变通形式；第二种要的是一种"不求神似，只求形似"的变通模式；第三种"既不求神似，也不求形似"，这两种变通都是在歪曲政策。刘世定和孙立平（2006）从改变执行的操作方式上将政策执行取变划分成了四种类型，分别是定义概念边界、利用空白约束、调整结构安排、打擦边球。庄垂生（2000）又区分了政策变通的前后区别模式，变通也有前后之差别，定义式就是对上面政策的重新定义，调整型就是对政策的个性化调节，选择性就是部分执行，歪曲型最差，是不遵循原则性的改变。他们的分法虽然叫法不同，但也异曲同工。

第四节 红头文件、领导人讲话对国企改革的影响路径与机理研究综述

在国外并没有红头文件这一说法，这只属于中国，如果说外国有什么与红头文件对应，就是规章、行政命令，虽然称呼不同，但实质作用相同，它们都是行政行为的抽象形式。红头源于中国的行政文书喜欢在表头盖上单位公章，这是在特定历史条件下，在不同政治文化等因素的共同作用下诞生的特殊名称。

国内有许多学者对红头文件进行研究，将其归类于抽象的行政命令行为。一些学者研究其可诉性。叶必丰认为红头文件就是享有各种不同级别的优先级的象征行政规范；应松年等又将红头文件定义为其他规范文件；江必新研究红头文件的司法审查性，认为红头文件可诉，能够提出建设性意见及建议；马德怀认为可诉性并不是红头文件这样的抽象行政命令可以拥有的，必须是法律，所以其不具有可诉性；陈高英、王景斌认为红头文件是再普通不过的一个载体，是中国独特的产物，没有行

政规范性文件的特殊地位。以上这些学者都对红头文件的地位可诉性做了解读，但是否可诉并没有定论，大家对于红头文件的地位也没有统一的理解，很少有学者将红头文件拿来研究。随着学术界对于抽象行政行为的研究，红头文件作为中国的特色行政命令法规已经提到了台前，学者们对于这种抽象行政行为的界定、地位、内容、可诉性、规范等都在不断深入研究。国家立法、依法行政、执法等的规范，对于红头文件规范性也提出了更高的要求。"红头文件"能够提起行政诉讼，在全新的《行政诉讼法》的修改制定中应该体现。

郭毅和王兴等（2010）认为，红头文件对于国企改革主要是通过其言语系统来施加影响的，国家意志通过红头文件一级级向下传达，并且深刻影响到了政策的实施。红头文件是党和政府领导国企改革的工具、手段、主要实现方式，研究红头文件对于国企改革的影响很有必要。他们选择了 2000~2003 年党中央、国务院主要的红头文件作为研究对象，没有选择繁文缛节，而是运用语用学和语义学的研究方法，对红头文件的言语系统做出研究。研究发现，红头文件用一定的语言定义了国企改革的环境，有鲜明的政策主体特质，实现了语用效果，影响性语篇为国企改革指明了具体的改革方向，提供了国企改革的所有详细实施内容。通过大量行动语句，影响和制约国企改革。

Shuy（1984）发现，语言学理论在教育界、医学界、法律界以及谈判、服务业、宗教和广告等领域均有广泛应用。关于国企改革与红头文件的关系的研究在国内很少。

第十五章 研究设计

第一节 研究方法

根据上文对红头文件、领导人讲话政策文件的研究综述,我们采取语言学的研究方法进行分析,语言学方法又分为语义学研究方法和语用学研究方法,本篇主要从语义学角度,采用杨正联提出的文本分析法,通过文本分析,透过"文本记忆",寻求话语背后的藏的含义,以此了解其中的传情达意以及沟通目的。在具体分析中,尤其是结构内容的分析部分,还需要采用语用学角度的语篇分析方法来对语句进行更加明确的划分,本篇选取的是 Aditi Bhatia(2006)对政治性语篇的分类方法。

红头文件、领导人讲话作为政府传递信息的载体,其承载的信息很重要,且有很多语言运用的特点。首先,需要对其内容进行分类,整理得出需要的内容;其次,我们需要分析不同层级改革行为主体的红头文件、会议讲话的语言系统的区别。语义学的研究可以做到这一点,语言有发生的时间性、内容性、结构性等特点,本篇利用文本分析方法对红头文件、领导人讲话做出全面的文本分析,得到语言背后的信息以及人类情感表达。主要限于字面意义，分析语言的结构和内涵。

本篇相关红头文件及领导人讲话的文本分析将采用杨正联（2006）的分析框架，主要可以用语法逻辑的知识解释各有关政策文件的完整的语法分类。如图15-1所示：

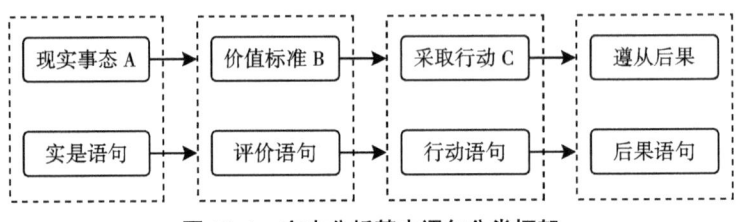

图15-1 文本分析基本语句分类框架

杨正联的分析框架除了图15-1所示的基本分类，对于每一种基本语句形式都有自己的定义以及发散性思考。如行动语句会按照它的不同内容以及有关主体划分具体的行动语句类型。这些在下文具体分析中会具体体现。杨正联对于自己的文本分析框架做了各种语句类型的特点及有效性分析，如表15-1所示。

表15-1 语句结构分类表

语句类型	特点	有效性
实是语句	用陈述语气指出在公共政策话语所规划的行为发生之前，公共事务或公共问题的存在状态	事实性效度，话语相对于现实是否真实
评价语句	公共权力对公共事态或公共事件的价值判断，代表集体中处于主流地位的价值观念	符合性效度："实是"语句的描述与特定的评价标准之间一致程度的判断和表述
行动语句	规范性的语气设定了相关主体的行为方式或行为取向，体现了公共政策话语的"以言行事"性质	可行性效度：公共政策话语以言行事效力实现的可行性，体现为理论可行性和资源可行性
后果语句	断言式的语气指出相关的行为主体在遵从或违背前述关于"评价"和"行动"话语规范的情况下将面对的利益得失前景	真诚性效度：是指政府组织成员在何种程度上愿意或者有能力将其所断言的利益得失状况变为现实

第二节 研究步骤

步骤一：选取中央层面、国资委层面和中央企业层面的政策文件信息以及领导人会议讲话中关于混合所有制改革方面的内容。

步骤二：运用文本分析法和关键语篇法，研究政策文件和领导人会议讲话内容如何在不同层级间传递信息并最终影响国有企业改革的进程。

步骤三：本研究首先通过借鉴杨正联（2006）的公共分析框架，采用文本分析法将不同层级的政策文件和领导人会议讲话内容的语句结构分为实是语句、评价语句、行动语句、后果语句，比较不同层级的语句信息差异，分析判断信息在不同政府组织层级传递的趋势。

步骤四：采纳 Aditi Bhatia（2006）从语用学角度出发总结出的对政治新闻发布会的关键语篇分析框架，使用关键语篇法将不同层级的政策文件和领导人会议讲话内容分解成肯定性语言、影响性语言和回避性语言三种语篇，对文本分析法进行补充，对文本结构和内容做出进一步的分析和判断。

步骤五：根据以上文本分析法和关键语篇法的分析结果，研究时间、结构、内容方面红头文件、领导人讲话的共性以及发展，总结得出红头文件和领导人会议讲话在不同层级间对国有企业改革的影响路径与机理，得出结论。

步骤六：选取几家特定的中央企业，实际分析其如何利用上级政策文件和领导人会议讲话来推进国有企业改革。

第三节 数据来源与样本选取

本篇选取的文件是关于国企改革整体情况的宏观文件,但涉及的内容仍很多。为了对分析的内容进行筛选,从中截选出与国有企业改革密切相关的信息,特以混合所有制改革为典型政策进行分析。

本篇选取了 2012~2015 年中共中央、国务院以及改革相关领导机构颁布的与国有企业混合所有制改革相关的宏观指导性文件、发改委政策文件、重要领导人讲话以及特定的中央企业政策行为作为研究对象(见表 15-2)。

表 15-2 样本文件信息表

改革行为主体	改革文件	颁布时间
党中央	《中共中央关于全面深化改革若干重大问题的决定》	2013 年 11 月 12 日中共十八届三中全会
国务院	《中共中央、国务院关于深化国有企业改革的指导意见》	2015 年 8 月 24 日
国务院	《关于国有企业发展混合所有制经济的意见》	2015 年 9 月 24 日
国资委	国务院国资委研究中心咨询部部长、学术委员会委员张春晓讲话	2015 年 9 月《意见》解读
国资委	国有资产管理委员会副主任连维良领导人发布会讲话	2015 年 9 月 25 日国有资产管理委员会《意见》发布会
国资委	国务院国资委新闻发言人、国资委深化改革领导小组办公室主任彭华岗新闻发布会讲话	2014 年 7 月 15 日的央企混合所有制等"四项改革"试点新闻发布会
中国建材	中国建材董事长宋志平领导人讲话	中国建材在 2014 年 7 月 15 日被国资委列入双试点企业。2014 年 10 月在董事会访谈讲话
中国建材	宋志平在中国建筑材料集团有限公司与中国中材集团有限公司重组大会上讲话	2016 年 8 月 26 日

续表

改革行为主体	改革文件	时间
中国石化	《启动中国石化销售业务重组、引入社会和民营资本实现混合所有制经营的议案》	中国石化2014年2月19日晚发布公司董事会公告

第十六章 对各层级红头文件、领导人会议讲话的语言分析

第一节 党中央混合所有制改革红头文件的语言分析

本篇关于党中央的文件选取的是《中共中央关于全面深化改革若干重大问题的决定》(以下简称《决定》)第二部分中坚持和完善基本经济制度中的第六条,即关于混合所有制改革的内容,是在党的十八届三中全会通过的《决定》的相关部分,得表16-1。

表16-1 《决定》文本分析

语句结构、语篇类型	文件原文
实是语句	国有资本、集体资本、非公有资本等交叉持股、相互融合的混合所有制经济,是基本经济制度的重要实现形式
评价语句	有利于国有资本放大功能、保值增值、提高竞争力,有利于各种所有制资本取长补短、相互促进、共同发展
行动语句	允许更多国有经济和其他所有制经济发展成为混合所有制经济
行动语句	国有资本投资项目允许非国有资本参股
行动语句	允许混合所有制经济实行企业员工持股,形成资本所有者和劳动者利益共同体

实是语句、评价语句以及行动语句在党中央有关混改的文件中都有出现，但缺失了后果语句。根据文本分析法对具体语句进行分析得出党中央红头文件的政策文本特点：中央文件的释意性、概括性、方向性较强，可实施性较弱。具体分析如下：

首先，实是语句内容指出在国企改革政策话语所设计的行为发生之前国企改革问题的存在状态，表明我国的基本经济制度的现今以及将来一段时间都要维持的持续性状态。

其次，评价语句用两个"有利于"表明中央对于此改革政策的肯定；接下来，行动语句用三个"允许"表明中央对于发展混合所有制经济的态度，是允许，而不是禁止，也不是大力发展。"允许"表明了一种微弱的许可，表明党中央对此政策的一个尝试态度。

最后，后果语句的缺失也是中央文件、国务院文件一贯的文件体系思路，缺乏明确要求，对于下层推进事宜没有直接的后果要求。

第二节 国务院混合所有制改革红头文件的语言分析

2015年8月24日，国务院颁布了《中共中央、国务院关于深化国有企业改革的指导意见》，这个文件有关混改的内容已经十分具体翔实，本篇选择了其中一些内容进行文本分析，得出表16-2：

表16-2 语句类型及相关内容

语句类型	推进国有企业混合所有制改革
目标性行动语句	以促进国有企业转换经营机制，放大国有资本功能，提高国有资本配置和运行效率，实现各种所有制资本取长补短、相互促进、共同发展为目标，稳妥推动国有企业发展混合所有制经济

续表

语句类型	推进国有企业混合所有制改革
分类行动语句	对通过实行股份制、上市等途径已经实现混合所有制的国有企业,要着力在完善现代企业制度、提高资本运行效率上下功夫
	对于适宜继续推进混合所有制改革的国有企业,要充分发挥市场机制作用,坚持因地施策、因业施策、因企施策,宜独则独、宜控则控、宜参则参,不搞拉郎配,不搞全覆盖,不设时间表,成熟一个推进一个
改革要求的行动语句	改革要依法依规、严格程序、公开公正,切实保护混合所有制企业各类出资人的产权权益,杜绝国有资产流失
语句类型	引入非国有资本参与国有企业改革
方式性行动语句	鼓励非国有资本投资主体通过出资入股、收购股权、认购可转债、股权置换等多种方式,参与国有企业改制重组或国有控股上市公司增资扩股以及企业经营管理
产业性行动语句	实行同股同权,切实维护各类股东合法权益。在石油、天然气、电力、铁路、电信、资源开发、公用事业等领域,向非国有资本推出符合产业政策、有利于转型升级的项目
主体性行动语句	依照外商投资产业指导目录和相关安全审查规定,完善外资安全审查工作机制。开展多类型政府和社会资本合作试点,逐步推广政府和社会资本合作模式
语句类型	鼓励国有资本以多种方式入股非国有企业
主体内容性行动语句	充分发挥国有资本投资、运营公司的资本运作平台作用
方式性行动语句	通过市场化方式,以公共服务、高新技术、生态环保、战略性产业为重点领域,对发展潜力大、成长性强的非国有企业进行股权投资。
方式性行动语句	鼓励国有企业通过投资入股、联合投资、重组等多种方式,与非国有企业进行股权融合、战略合作、资源整合
语句类型	探索实行混合所有制企业员工持股
目标性行动语句	坚持试点先行,在取得经验基础上稳妥有序推进,通过实行员工持股建立激励约束长效机制
领域性行动语句	优先支持人才资本和技术要素贡献占比较高的转制科研院所、高新技术企业、科技服务型企业开展员工持股试点
主体性行动语句	支持对企业经营业绩和持续发展有直接或较大影响的科研人员、经营管理人员和业务骨干等持股
方式性行动语句	员工持股主要采取增资扩股、出资新设等方式
要求性行动语句	完善相关政策,健全审核程序,规范操作流程,严格资产评估,建立健全股权流转和退出机制,确保员工持股公开透明,严禁暗箱操作,防止利益输送

2015年9月24日,国务院颁发《关于国有企业发展混合所有制经济的意见》,此红头文件专门对混合所有制改革怎样进行做了详细的规定,本篇选取了原文与混合所有制改革紧密相关的内容进行文本分析,得出表16-3:

表16-3 语句类型及文件原文

语句类型	文件原文
分层推进混改行动语句	引导在子公司层面有序推进混合所有制改革
	探索在集团公司层面推进混合所有制改革
	鼓励地方从实际出发推进混合所有制改革
鼓励各类资本参与混改的行动语句	鼓励非公有资本参与国有企业混合所有制改革
	支持集体资本参与国有企业混合所有制改革
	有序吸收外资参与国有企业混合所有制改革
	推广政府和社会资本合作(PPP)模式
	鼓励国有资本以多种方式入股非国有企业
建立混合所有制机制的行动语句	探索完善优先股和国家特殊管理股方式
	探索实行混合所有制企业员工持股
	进一步确立和落实企业市场主体地位
	推行混合所有制企业职业经理人制度

通过对国务院颁布的两个红头文件进行文本分析,我们发现,国务院颁布的文件具有极强的行动指示性,与中共中央颁布的文件不同,此文件全文皆是行动语句,没有实是语句、评价语句、后果语句。

通过对原文件中所有制改革部分的语句具体进行文本分析,我们得出结论:关于混合所有制改革的文件具有针对性,全文全部为行动语句,且这些行动语句具有以下特点:第一,行动语句带有实是语句、评价语句的含义,国有企业所有制改革就是这个方向,这样发展就是正确的道路。第二,行动语句比较宏观,行动语句所表达的行动方向正面肯定了实是语句描述的存在状态符合目前相关利益者的价值观念——"社会生产力发展的要求","调整""完善""创造""鼓励""支持""引导"等词语的使用也暗示了当前阶段中国的经济制度并不符合实际情况,需要进行改变。第三，行动语句本身使用的词语都是抽象的词语——创造"环境"、保障"健康发展"——没有为相关行为主体指明具体的行为措施，后果语句缺失。

结合党中央红头文件的文本分析，再将国务院颁布的两个红头文件与其进行对比分析，我们发现了国务院与党中央之间的文本承接关系，也就是说二者共同构成改革领导的第一层级。具体来说，国务院颁布的文件具有极强的行动指示性，与中共中央颁布的文件不同，此文件全文皆是行动语句，没有实是语句、评价语句、后果语句，揭示了这样一种层级性关系：党中央文件运用实是语句、评价语句、行动语句，做出关于混合所有制改革的经济制度的实是性描述，包括改革的背景、改革的方向、改革的主体、改革的意义等基本内容，而国务院颁布的文件负责将国企改革的行动指示具体化，具体到改革目标、改革主体、改革领域或产业、改革方式、改革要求，而不需要再对改革进行实是语句、评价语句的重新申述。由此表明，国务院听党指挥，是党中央指示的下一层级。国务院红头文件偏向具体的指示，依据党中央的文件做出细致的行动语句指示，主要有五类指示性行动语句，分别是目的性行动语句、主体性行动语句、产业性行动语句或者领域性行动语句、方式性行动语句、要求性行动语句，这五种类型的行动语句构成了国务院层级下发的红头文件主体，分门别类地对国企混合所有制改革提出了具体行动要求。例如目的性行动语句，表明了混合所有制改革的具体宗旨是增进国有企业转换经营机制，促成放大国有资本功能，有效提升国有资本的配置和运行效果效率，实现多种所有制资产资本和谐共荣。

再来看看国务院颁布的红头文件与党中央文件的用词对比：首先，党中央运用"是""有利于""允许"这样的动词，来作为混合所有制改革的指示性动词；在国务院的文件中，运用"稳妥推动""着力推动""适宜推进""逐步推广""引导""探索实行""有序推广"等词汇与党中央文件中的指示性动词对应，没有用"大力发展""深入推进"等词语进行陈述，说明了双方行动指示前后的一致性，从而对国企改革具有连贯一致的指示性效果。

这也肯定了我们的设想,国务院文件依托党中央文件衍生而来,语句从多样变为单一的行动性指示,此时,我们可以将党中央和国务院视为完整的一体,它们的红头文件共同构成了中国改革文件的第一层级。

从文件全文可以看出,行动语句比例占到100%,党中央和国务院层面主要是通过大量的行动语句影响改革进程。

第三节　国有资产管理委员会领导人讲话语言分析

2015年7月15日,彭华岗在中央企业"四项改革"的新闻发布会上发表了重要的讲话,作为国资委领导人,他的讲话有其特点。他提出混合所有制改革范围试点主要是表明探究和求索发展混合所有制经济的有效路径。具体意见如表16-4所示:

表16-4　国资委领导人讲话语句

语句结构	讲话原文
行动语句	建立混合所有制企业有效制衡、平等保护的治理结构
行动语句	建立职业经理人制度和市场化劳动用工制度
行动语句	建立市场化激励和约束机制
行动语句	建立混合所有制企业员工持股
行动语句	建立混合所有制企业的有效监管机制
行动语句	建立混合所有制企业党建工作的有效机制

2015年9月25日,国家发展和改革委员会副主任连维良在北京进行了混改解读的讲话,表16-5是对该讲话的文本分析。

第十六章 对各层级红头文件、领导人会议讲话的语言分析

表 16-5 国家发改委领导讲话语句

语句结构	讲话原文
实是语句	国有企业发展混合所有制经济应注重保护产权,切实保护混合所有制企业各类出资人的产权权益
实是语句	巩固和完善基本经济制度,保护产权是核心;注重保护产权也是国企组织实施发展混合所有制经济的要求之一
评价语句	完善产权保护制度是坚持和完善基本经济制度的内在要求
评价语句	完善产权保护制度,提振市场信心特别是企业家信心,进一步激发各类市场主体创业创新、投资兴业的主动性、积极性,保持经济发展持久动力等,具有重要现实意义
要求性行动语句	发展混合所有制经济的总体要求要把握四项原则:一是坚持政府引导、市场运作;二是坚持完善制度、保护产权;三是坚持严格程序、规范操作;四是坚持宜改则改、稳妥推进,坚持因地施策、一企一策
领域性行动语句	要注重试点示范,在电力、石油、天然气、铁路、民航、电信、军工等领域改革,开展放开竞争性业务、推进混合所有制改革试点示范
成果语句	要形成促进各种所有制经济依法平等使用生产要素、公开公平公正参与市场竞争、同等受到法律保护的良好制度环境

通过对国务院国资委研究中心研究部部长学术委员会成员张春晓的《关于国有企业发展混合所有制经济的意见》讲话分析,做出表 16-6 的文本分析解释。

表 16-6 国资委研究中心解读语句

语句类型	文件原文
实是语句	经济的发展,不仅仅只有国有经济,也不仅仅只有集体经济,也不仅仅只有非公有经济,一个经济的发展一定是混合经济
评价语句	混合发展的目的,必须有利于国有资本放大功能、保值增值、增强活力,必须有利于引进的非公资本优势互补、取长补短、激发活力,要实现"1+1>2"的效果
要求性行动语句	在下一步的国企改革中,要稳妥推进混合所有制经济发展,必须强化对国有资产的监管,搭建良性的、公平公正公开的运行平台,绝不能搞暗箱操作
成果语句	用混合所有制经济的手段,评估出缩水的国有资产,不仅导致国有资产新一轮的流失,还使非公经济的发展受到了极大的伤害

在国资委发言人关于混合所有制改革的讲话中,我们通过分析可得知国资委领导人讲话的特点:国资委首先是对国务院文件进行全面解读,然后出台具体制度的相关文件要求,是全面的具体到各个分制度的要求,

全面的指示，是国企改革的第二层级主体。并且，国资委在出台文件层面做到了面面俱到，有规定、有行动、有考核、有评价。对于国企改革的影响更加全面和细化。

具体分析，国资委的重点不仅是分层、资本、体制三方面，还添加了经理人、激励、党建。从中可以看出国资委对于党中央、国务院的承接以及发展，这是政策的一个传递路径特点，到了国资委，将出现响应最快，政策分析最彻底，更加具体，更加细化上一层级的政策的现象。通过对文本的时间、结构以及内容具体分析，可以得出一般性的结论：公共政策话语的层级性，自上而下，丰富发展。具体分析如下：

第一部分，从央企混合所有制等"四项改革"试点新闻发布会上国务院国资委新闻发言人、国资委深化改革领导小组办公室主任彭华岗发表的讲话，我们从语句类型上可以看出，国资委领导人讲话更加具体化了，对混合所有制改革的行动提出了各种各样的机制建设，这是非常具体的应对制度，包括职业经理人制度、员工持股制度等，我们发现国资委层面会有一个新的具体层面的制度建立，不同于国务院的混改制度的提法，它是具体到混改制度的下一级制度，例如职业经理人制度、员工持股计划制度、激励制度、党建制度等，这些细化的制度文件是对国务院混改制度执行的细化，有了本质的可执行性。

第二部分，国家发展和改革委员会副主任连维良 2015 年 9 月 25 日在北京发布会讲话，我们运用文本分析法分析可以看出，国资委领导人对国务院的文件发布解读有其全面性，包含了实是语句、评价语句、具体性行动语句、成果语句。国资委作为国企改革的第二层级，需要对国企混合所有制改革进行全面解读，对各个混改大制度下的"小制度"都要进行全面规定，例如员工持股计划制度，包括运用实是语句进行的基本情况的描述，评价语句对该制度的意义性评价，行动语句的具体指示，以及成果语句的要求性指示，所有内容都很完整。此时，我们可以得出，国资委作为国企改革的第二层级管理者、执行者，将从混改制度下设的具体制度出发，像第一层级一样，制定具体制度的实是语句、评价语句、具体行动语句以及成果语句的指示颁布。如此，构造了混合所有制改革的第二层级。

第三部分，从国务院国资委研究中心咨询部部长、学术委员会委员张春晓对《关于国有企业发展混合所有制经济的意见》的解读，我们可以分析得出，国资委是国务院的特设机构，是它的发言人，国资委通过对国务院的红头文件进行具体解读来影响国企改革。具体运用实是语句强调改革的现状目的、评价语句强调混改的必然性，行动语句强化具体行动的指示，成果语句有效地对国企改革提出了要求。与国务院文件对比可知，全面、深入、细致、具体、承接是国资委讲话的特点。国资委首先是对国务院文件进行全面解读，然后出台具体制度的相关文件要求，是全面的、具体到各个分制度的要求，是全面的指示，它是国企改革的第二层级主体。

对国资委领导人讲话的具体词语进行分析可知，全部讲话，多用"坚持""注重""完善""强化""进一步推进""建成""要形成""要实现"等，与上一层级的用词有了明显区别，党中央以及国务院红头文件用词较单一、概括，指向性不强，反观国资委领导人讲话，我们发现，其中有结果性词语，有更加丰富的行动性词语。当然也有对党中央、国务院的承接，例如坚持是对上一层级所提出的政策文件的坚持，注重与党中央文件的"允许"、国务院文件的"着重""稳妥"等遥相呼应，一致性、承接性很强。

第四节　中央企业红头文件及领导人讲话语言分析

2014年7月15日，国家资产管理委员会选择了六家央企作为新一轮国企改革试点企业，其中，特别选择中国医药集团总公司、中国建筑材料集团有限公司作为混合所有制改革试点。

以中国建筑材料集团有限公司为例,文本内容来源于宋志平在试点会议后的讲话,发表在 2014 年第 10 期,题目是《宋志平谈混合所有制改革》。对其领导人讲话中的改革内容进行文本分析,如表 16-7 所示。

表 16-7 中国建筑材料集团有限公司领导人讲话文本分析

语句类型	语句原文
评价语句	把发展混合所有制上升到了基本经济制度的高度,是革命性的,为下一步国企改革和民企发展指明了方向
评价语句	混合所有制是国企改革的主旋律。大规模推行混合所有制将是一场迄今为止最深刻的变革,是国企改革深水区的一场攻坚战
实是语句	国有经济可以通过国有企业和混合所有制企业来实现,国有企业布局在公益保障类领域
实是语句	混合所有制企业是国有经济在竞争性领域的实现形式,目的是在这些领域在充分竞争的市场环境中为国家赢得收益,一如新加坡淡马锡
实是语句	混合所有制的核心是所有者到位,并真正实行市场化运作
行动语句	现在提的混合所有制企业里,无论国有股份比例占多少,只要引入社会资本就应完全按照市场化的要求和国家有关的法律法规去管理和运作,不应该再戴上"国有控股混合所有制企业"的帽子,应给予完全市场化的身份
行动语句	企业完全依照《公司法》进行市场化运作,在市场竞争中和民企、外企拥有同等的地位,坚持公平原则,同台竞技,既不享受特殊的优惠,也不被设任何额外的限制
评价语句	长期以来,国资监管对企业监管不足、监管过度现象并存,严重损害了企业发展
行动语句	积极发展混合所有制,必须继续完善职业经理人制度
实是语句	混合所有制强调的是不同所有制交叉持股和相互融合,不管是国有资本还是民营资本,都以发挥最大效率为最终目的。国有、民营都作为股东而存在,都在公司法下规范运作,各自的合法利益都神圣不可侵犯
实是语句	国有资产很大,民营资本相对较小,可以探索通过优先股等方式,起到回避国有资产流失、引入市场机制、调动民营企业积极性的作用,真正发挥混合所有制的市场功能
实是语句	优先股是我们进入混合所有制的捷径,能化解国有资产混合过程中的流失风险,同时可以解决国有股优先获得股息和保证国有股优先权的问题,又能提高民营企业参与投资的积极性
评价语句	混合所有制是一把金钥匙,解决了四个难题。第一,解决了国有经济和市场接轨的问题。第二,解决了国有企业深化改革的问题。第三,解决了社会资本进入国有企业部分特定业务的途径问题,使市场更加公平公开。第四,解决了国进民退、国退民进的长期纷争,国有和民营交叉持股、互相融合,实现了国民共进共赢的融合体系
行动语句	宋志平认为,企业真正引入市场机制包括三条,一是让所有者真正到位,二是发挥企业家作用,三是建立经营者和所有者利益、企业效益正相关的关系
成果语句	中国建材将进一步加大混合力度,要"混得充分";保证操作透明、规范,核心是不能使国有资产流失,实现"混得规范";要实现企业效益和竞争力的提升,要"混出效果"

第十六章　对各层级红头文件、领导人会议讲话的语言分析

本篇对宋志平在中国建筑公司在京召开重组大会时的讲话进行了语言学的分析。表16-8是文本分析结果。

表16-8　文件分析

语句类型	语句原文
实是语句	两个集团实施重组，是落实党中央、国务院关于"做强做优做大国企，不断增强国有经济活力、控制力、影响力、抗风险能力"的要求，是深化国有企业改革，推进国有经济布局结构调整，打造具有国际竞争力世界一流企业的重要举措
评价语句	这是我国建材产业发展史上具有极其重要意义的里程碑事件
行动语句	明确战略定位，打造国际一流的建材产业集团。新集团的战略愿景是致力于成为世界一流的综合性建材产业集团，战略定位是行业整合的领军者、产业升级的创新者、国际产能合作的开拓者
成果语句	新集团总部将努力成为国家级战略性行业发展平台，优化运营模式和管控架构，提高企业竞争力、经济效益和抗风险能力
行动语句	有序推进重组，尽快释放重组整合红利
成果语句	新集团将按照优化资源配置、整合同类业务资源的基本方法，以优势企业为主体，以打造大上市公司为目标，以避免同业竞争、规范关联交易为原则，实施专业化重组，重点打造产业平台，国际产能合作平台，新材料、新能源、新型房屋平台、国家材料研究院平台，国家材料资源开发平台，产融运营平台六大业务平台
行动语句	做好统筹安排，打赢提质增效、"瘦身健体"攻坚战
成果语句	新集团既要完成好重组任务又要抓好生产经营，要保持主要指标稳定增长，确保完成全年稳增长目标
行动语句	深化国企改革，为企业注入发展动力
行动语句	在国资委改革试点中，我们是兼并重组、落实董事会职权和发展混合所有制经济三项试点，要以试点为契机，大胆探索、积极作为
成果语句	在国企改革中把握先机、勇作改革的先行者和铺路石
行动语句	弘扬先进文化，实现包容团结融合发展。新集团要继续大力弘扬凝聚正能量的好文化
行动语句	在重组过程中，要合心合力、紧密团结，倡导包容融合的文化，团结友爱、相互尊重、相融相生、发挥优势、取长补短

基于对以上两个重要讲话的分析，从内容上我们可以发现，在央企层面，混合所有制改革是一个具体的改革方案，是一个从自身出发听从党中央、国务院、国资委政策文件要求，设计自身改革具体方案的过程。

对于中国建材公司，它的具体改革方案就是重组，包括在四项改革试点会议后提出的公司内部的重组，选择"北新建材""中国玻纤"的重

组方案，包括在 2016 年公司外部的重组，即与中国中材的重组。央企作为国企改革的第三层级，是混合所有制改革的直接行动主体，它的文件将是具体化的方案，需要报经国务院及国资委批示通过。对于混改试点，中国建筑材料集团领导人讲话中传达出来的与上面层级的具体内容有很大的不同，它不再全面，而是其中的一点，它的改革目标是将公司改组，让公司真正拥有所有者。而且中国建材公司所有制改革建设远远早于国务院国资委层面政策的出台，所以它的改革内容必须与自身情况相结合，与其他公司的目标自然是不相同的。它的改革阶段已经深化，可以作为别的公司的标杆。同时，它的策略更加细致化、具体化。

从语句结构上看，本篇发现领导人讲话包含了实是语句、评价语句、行动语句、成果语句的全部，实是语句对于国务院国资委的改革政策做出解释，评价语句说明第一层级、第二层级改革政策的意义，行动语句对上一层级的行动政策做出针对性的选择和细化，从而达到与自身相符的目的。最后要说明的一点是，央企作为改革的直接行为主体，在政策文本中用成果语句对自身有了具体的规定和要求，这与第一层级、第二层级的政策文件有明显的结构性区别。但同时可以发现，尽管已经有了成果性语句，仍然是弱考核性的成果语句，不具有奖惩或者赏罚这样的规定性语句。

从时间上来看，央企文件、领导人讲话要视具体公司而定，有可能在政策文件出台前发生，也有可能发生在政策文件出台之后，并不具有严格的时间顺序，从这里我们可以得出，混改的需求其实来源于企业自身发展的需求，远远早于第一层级、第二层级的意识，它是上层制定改革文件的来源与动力。另外，央企的部分领导人讲话发生在国资委出台意见以后，例如中国建材宋志平的讲话就发生在四项改革试点会议之后，从这一层面讲，央企对于上一层级的承接性还是比较强的。与上面层级对比，国资委反应最快，其次是央企，反应时间最长的是国务院，可见从上往下传达政策命令远远快于从下往上反映意见。

具体到中石化，这个公司在混改方面具有典型性，虽然没有作为试点企业，但是对于国企混合所有制改革的意义重大。选取其中一个方案进行文本分析，佐证本文观点，即具体到公司层面，语句将更加细化，如果是具体方案，将运用百分百的行动语句决定公司的具体改革内容，并且与自身公司改革情况息息相关。

对中石化集团《启动中国石化业务重组、实现混合所有制经营的议案》进行文本分析，得到表16-9。

表16-9 中石化议案的文本分析

语句类型	文件原文
行动语句	启动混合所有制改革，拟重组所属优质资产——油品销售业务，引入社会和民营资本，实现混合所有制经营
行动语句	引入社会和民营资本参股，实现混合所有制经营，社会和民营资本持股比例将根据市场情况厘定
行动语句	公司董事会授权董事长在社会和民营资本持股比例不超过30%的情况下行使下述权利（包括但不限于）：①确定投资者、持股比例、参股条款和条件方案，并组织实施该参股方案；②签署交易文件及其他相关文件，并办理与前述事项相关的审批、登记、备案、披露等程序
行动语句	公司将依照上市地的法律法规根据项目进展情况做好审批和披露工作

同样在文件中，可以看出国企倾向于高口号弱考核，缺少成果语句与评价语句，验证了本篇的结论。

第十七章 各层级红头文件、领导人讲话对国企改革的影响路径与机理图解

第一节 时间机理

从文件、领导人讲话发布时间上看，中共中央在2015年发布之后，时隔1年左右，国务院颁布具体文件，国资委同天立即开发布会发言，在短期内做出解读，并开设试点会议，做出指示性发言。相比国务院文件的出台，国资委显然效率更快。对于中央企业的改革，却是一个迂回缓慢推进的过程。企业的混改一直在推进，有文件发布之前就改革的，例如中国建筑有限公司，有文件之后推进改革的，例如中石化。但其实改革的真正动力来源于企业，针对之前已有中石化等央企"抢跑"混合所有制改革政策，我们可以得出，企业是改革的主体，改革的动力也恰恰来自企业。企业有需要，反映到中央，中央出指示、出文件，从党中央、国务院到国资委，再推回到国企，是这样一个路径。共有三个层级，构成一个环路，通过红头文件、领导人讲话来传递国企改革思路、政策、指示，从而影响国企改革的进程。其中层级性很明显，并且具有自上而下的传导路径。如图17-1所示。

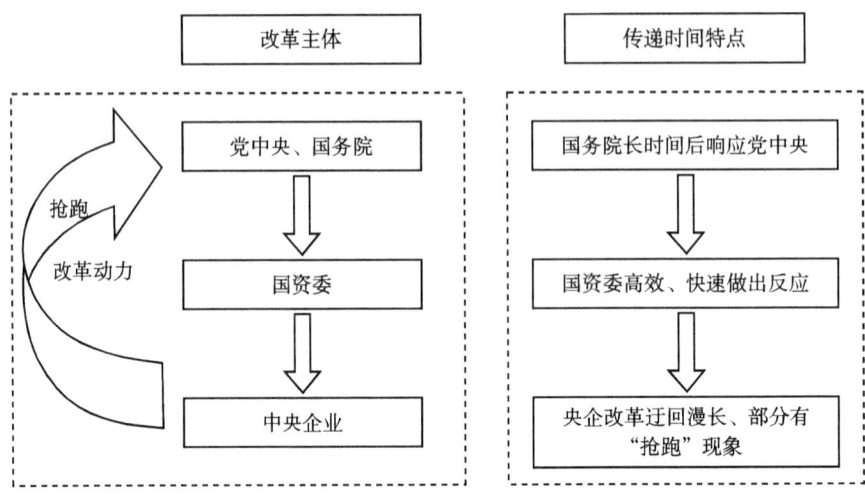

图 17-1　政策传导时间机理图

第二节　内容机理

从文本内容上来看，党中央的文件与国务院发布的红头文件共同构成了国企改革管理的第一层级，综合两部文件才能全面理解中国最高层领导机构的改革意图和指示。从内容上来讲，第一层级偏重混改大制度的规定，国资委会细化小制度，例如员工持股制度、职业经理人制度等，到了中央企业，那就是细致到每一个章程的内容，选择了哪个混改下设具体制度，是员工持股计划，还是职业经理人，又或是企业并购，引入新的社会资本。除此之外，中央企业的文件以及领导人讲话会加入企业自身的发展状况、改革状况，与第一层级、第二层级的方向性、指向性文件是不同的。内容机理图见图 17-2。

第十七章 各层级红头文件、领导人讲话对国企改革的影响路径与机理图解

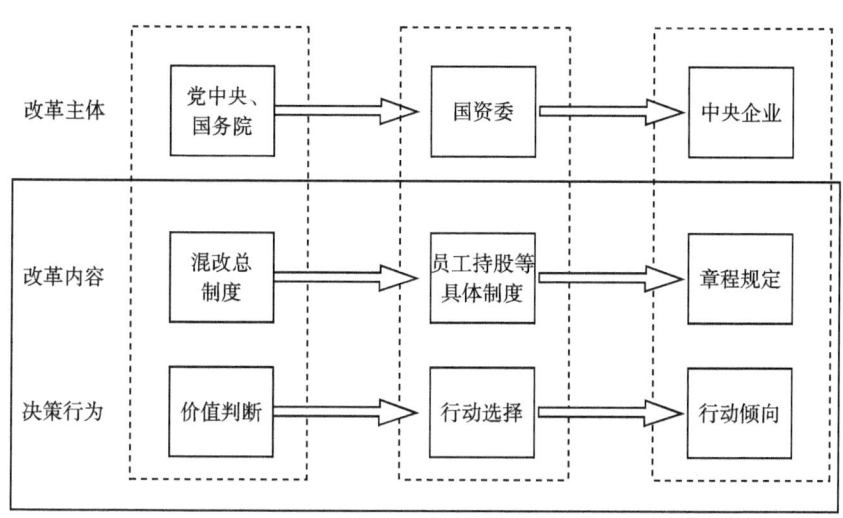

图 17-2　内容机理图

第三节　结构机理

从文本语句结构上看,党中央的文件偏向全面性,有实是语句、评价语句、行动语句、成果语句,共同构建混合所有制改革的制度指示;国务院的红头文件则是党中央指示的具体化,与党中央文件共同构成了第一层级的混改文件体系。国资委主要是通过领导人讲话来承接、解释、具体化党中央、国务院的政策,通过发布具体的混改下设制度的全面语句,从而对混改造成深入的影响,同样运用实是语句、评价语句、行动语句、成果语句对于职业经理人制度、员工持股计划制度、企业兼并重组制度等做出了全面的规定指示,是针对第一层级的政策做出的具体行动。再看中央企业,进行改革的公司,往往具有先发性,文件发布、讲话发布可能发生在第一层级、第二层级之前,但是仍然作为试点企业做出榜样效应,对国企改革有着深刻影响。语句类型均为行动语句,毕竟是具体改革文件。但从领导人讲话中可以窥见全局,领导人通过访谈、

董事会讲话等做出全面性指示，实是语句、评价语句对于自己企业的改革做出解释、定位。成果语句对于自身企业的改革做出了要求。全面语句在领导人讲话中都有提及，但是对自身的要求也仅限于表面要求，没有时间、具体效果的限制性要求。整个语言系统偏向表面化。这样对于企业改革的真正推进并没有好处，也有可能是造成如今国企改革进入深水区，无法真正改动的文件政策原因。语句结构机理图见图17-3。

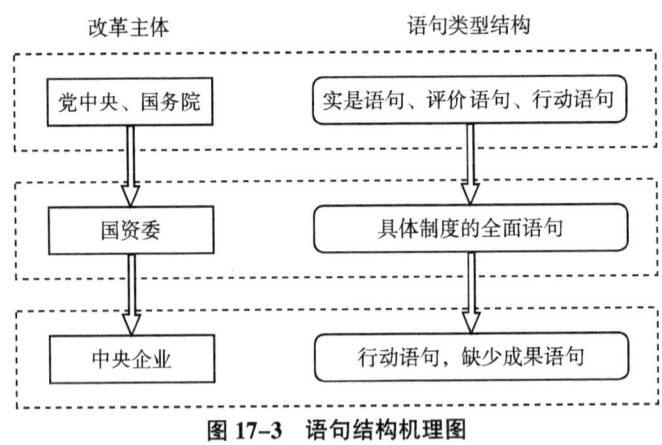

图 17-3　语句结构机理图

第四节　综合机理

红头文件、领导人讲话对国企改革的影响是一个政策信息不断传递、获取、反馈的过程，本篇以红头文件、领导人讲话政策信息的传递为主线，从文本分析的视角，探讨红头文件、领导人讲话对国企改革的影响路径与机理。

通过上文中时间机理、内容机理、结构机理的分析总结得出：第一，红头文件、领导人讲话的传递路径分为三个层级，分别是党中央及国务院、国资委、中央企业，三个层级的政策传导路径呈现环状，并且传导路径与各层级红头文件及领导人讲话文本内容共同演化。第二，从三个

第十七章　各层级红头文件、领导人讲话对国企改革的影响路径与机理图解

方面探讨三个层级红头文件、领导人讲话对于国企改革的影响机理,分别是文本时间、文本结构、文本内容,共同构造了三层级言语系统对于国企改革的影响机理。从文本的具体分析中,我们可以发现各层级红头文件、领导人讲话的言语特点:党中央、国务院的红头文件通过方向性词语来构造影响国企改革的言语系统;国资委通过解释和细化第一层级文件来达到影响国企改革进程的作用,是政策具体的执行者与监管者;中央企业主要通过具体改革行动的选择与制定来构造自己改革的言语系统。

通过以上分析,本篇从语言学的视角分析不同层级的国企改革政策文件和领导人会议讲话内容对国有企业改革主体的行为影响机理,总结出国有企业改革信息在不同层级的传递趋势和对国有企业改革的行为主体的行为影响,分析出党和政府是如何影响并制约国有企业改革的进程的,以及政府各层级的成员如何根据自身的状况理解来自于上级的公共政策和领导人讲话并进一步采取实际行动,这有利于各级党和政府更好地完善国企改革政策的制定,保证国企改革政策的贯彻和落实。不同层级的国企改革政策文件和领导人会议讲话内容对国有企业改革主体的行为影响机理图如17-4所示。

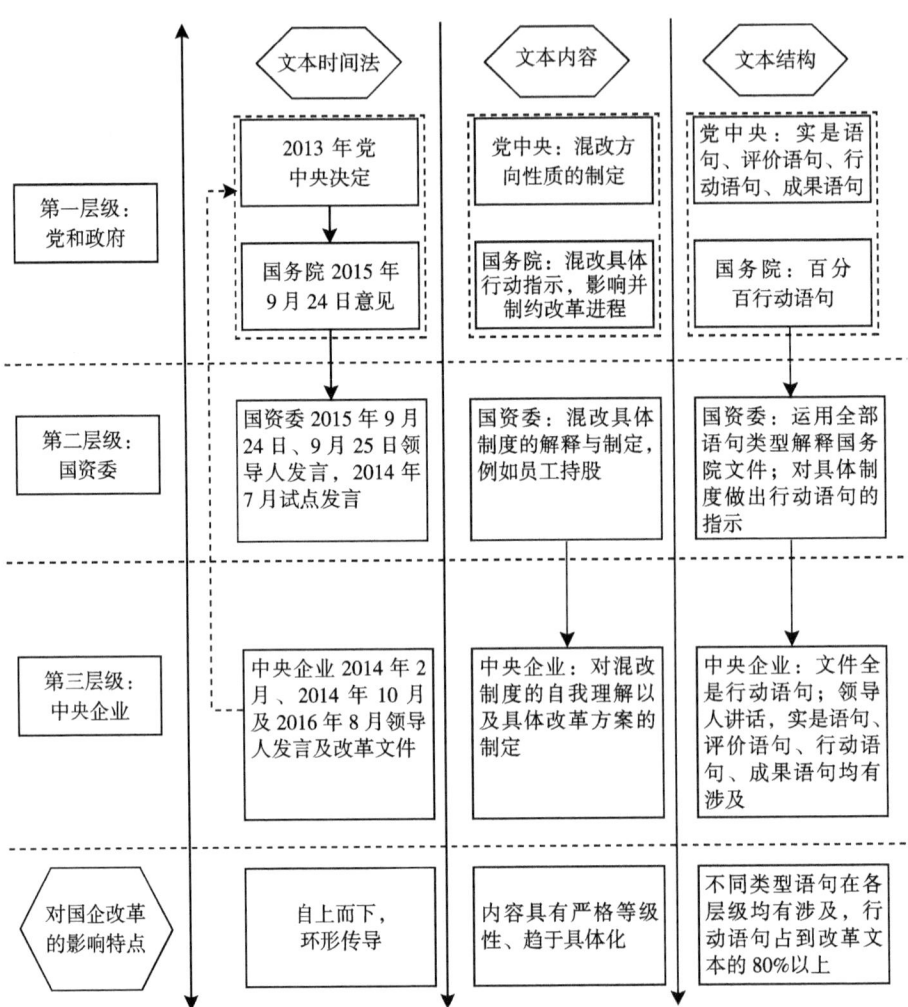

图17-4 红头文件、领导人讲话言语系统对国企改革的影响机理

第十八章 研究结论、政策建议与研究展望

第一节 研究结论

本研究选取了中共十八大以来中央层面、国资委层面和中央企业层面的政策文件信息、领导人会议讲话中关于混合所有制改革方面的内容,利用文本分析法,探究了"红头文件"的言语系统对国有企业改革的影响。研究发现:

第一,本篇从三个方面探讨了三个层级红头文件、领导人讲话对于国企改革的影响机理,分别是文本时间、文本结构、文本内容,这三项内容互为依据、互相辅助,共同构造了三层级言语系统对于国企改革的影响机理。

第二,从文本的时间上来看,红头文件、领导人讲话的传递路径分为三个层级,分别是党中央及国务院、国资委、中央企业,三个层级的政策传导路径呈现环状,并且传导路径与各层级红头文件与领导人讲话文本内容共同演化。

第三,从文本的具体内容分析中我们可以发现,各层级红头文件、

领导人讲话的言语系统特点：党中央、国务院的红头文件通过方向性词语来构造影响国企改革的言语系统；国资委通过解释和细化第一层级文件来起到影响国企改革进程的作用，是政策具体化的执行者与监管者；中央企业主要通过具体改革行动的选择与制定来构造自己改革的言语系统。

第四，在三个层级红头文件与领导人讲话中，实是语句、评价语句明确了混合所有制改革的性质和方向，各种行动语句规定了改革的内容，实是语句、评价语句、行动语句、成果语句共同构建的语境形成了国有企业改革的制度环境。党中央的实是语句、评价语句、成果语句言语系统以及国务院的具体行动语句文件共同构成了国企改革的第一层级；国资委对于混改的行动语句具体文件以及全结构的讲话体系共同构成国企改革的第二层级；央企具体改革方案以及全结构领导人讲话构成了改革的具体行为主体，也就是第三层级。各层级红头文件、领导人讲话通过大量使用行动语句，影响行动主体的行为，达到了影响并制约国有企业混合所有制改革进程的作用。

第五，通过研究不同层级间红头文件、领导人讲话之间的关系，可以得出结论，即公共政策话语的层级性，也就是说，政策文件在自上而下传递过程中，会有一种权力等级的更迭，自带政策内容的具体化，这是一种因地制宜、因人而异的常理体系，这让各个层级的政策文本更加合理并且合情。当然，这些政策文本传递之时，会有必然的承接性。在自己的理解之下，对上级政策做出个性化的解释以及更新。

第二节　政策建议

一、党中央、国务院

国务院对于党中央指示的承接要更加有效率，在出台文件的时间上更加合理具体；在文件内容上，党中央、国务院作为国企改革最高层级的管理者、领导者，要加强成果语句的比例，加大对国企改革的实效要求，更加有效地对国企改革实施可量化的考核，毕竟红头文件在我国政策改革中具有相当于法律文件的绝对地位；对于红头文件的制定更加贴合企业需要，在内容上与经济发展、企业发展、改革发展有效接轨。

二、国资委

作为国企改革的第二层级，首先在时间上能很好地响应上一层级的指示需要继续保持，同时对于下一层级央企的发展也要在得到反馈的第一时间做出回应以及上报，做好对上的承接以及对下的指导及监管；在文件及领导人讲话语句结构上，与党中央、国务院一样，要加强成果语句的运用，就是要重考核、重监管；在文件与讲话内容上，国资委不仅要承接上一层级，同时要做好下一层级的具体内容具体分析，细化举措的同时，也要更加注重企业的改革情况。

三、中央企业

作为国企改革的直接行为主体，首先要在文件、领导人讲话时间上快速响应，要有主人意识，及时反馈、上报自身改革发展现状、自身实际发展需求等；在文件以及领导人讲话结构上，还有一点要求：重视考核性的成果语句，因为这是企业改革的行动指南，必须具体并且可量化可考核，只有这样才能真正对改革起到指示、监管、督促、奖惩的作用；对于语句内容，大部分改革企业都能做到具体化，结合自己企业的发展改革情况，做好自身的个性化同时，企业必须加强对于上一层级的内容衔接，记住自己的改革目标，铭记自己对于中国经济发展的改革意义，全部国企是一个整体，拥有一个共同目标，对于国家政策共性的把握应该放在第一位。

第三节　研究展望

本篇选取的样本涉及从党中央、国务院到国资委、大型央企的红头文件及领导人讲话，这样的样本量在文本研究中是可以接受的。要想得出更加准确的研究结论，我们需要更大的样本量。但是国企混合所有制改革还在政策试点的阶段，被国资委批准改革的企业并不多，而且改革的国企大部分又都是自发改革在先，各个公司的治理结构模式不尽相同，这就造成选取的样本量有限。没有共性的样本导致结论不具有全面性。本篇选取的中国建筑领导人讲话虽然具有典型性，但毕竟是一家企业，总有其历史发展因素以及自身现状问题等。假如以中石化的企业来验证文本分析的结论，全面性也无法保证。这也是文本分析的一个弱项所在。在以后的研究过程中，扩大样本量是必要的方向，另外在文本分析的基础上，还可以尝试多元方法，例如统计、实证等分析方法的验证等，这样可以使研究更加可靠与科学。

参考文献

[1] Andrew Pettigrew, Ewan Ferlie, Lorna McKee. Shaping Strategic Change—The Case of the NHS in the 1980s [J]. Public Money & Management, 1992, 12 (3): 27-31.

[2] Antweiler W., Frank M.Z. Is All that Talk Just Noise? The Information Content of Internet Stock Message Boards[J]. Journal of Finance, 2004 (8): 36-48.

[3] Anup A. Knoeber C. R. Firm Performance and Mechanisms to Control Agency Problems between Managers and Shareholder [J]. Financial and Quantitative Analysis, 1996 (31): 377-397.

[4] Arthur. Earnings Management and Tunneling through Related Party Transactions: Evidence from Chinese Corporate Groups [R]. Working Paper, The Hong Kong University of Science and Technology, 2004 (56): 89-95.

[5] Austin J. L., J. O. Urmson, M. Sbisa. How to Do Things With Words [M]. Oxford University Press, 1975.

[6] Bedard J., S. M. Chtourou, and L. Courteau. The Effect of Audit Committee Expertise, Independence, and Activity on Aggressive Earning Management [J]. Auditing: A Journal of Practice & Theory, 2004 (23): 13-35.

[7] Brickley, J. A., & James, C. The Takeover Market, Corporate

Board Compositionand Ownership Structure: The Case of Banking [J]. Journal of Law and Economics, 1987 (56): 161-190.

[8] Brown, D., M. H. Liu and S. L. Tiras, the Influence of Independent and Effective Audit Committees on Earnings Quality [R]. Working Paper, 1999.

[9] Bryan, D., M. H. Liu, S. L. Tiras, the Influence of Independent and Effective Audit Committees on Earnings Quality [R]. Working Paper, 2004.

[10] Burns, T., Paterson J., Gold Plating, Gold Standard or Base Metal? Making Sense of Narrative Reporting after the Repeal of the Operating and Financial Review Regulations [J]. International Company and Commercial Law Review, 2007 (8): 247-260.

[11] Chan, Wesley S. Stock Price Reaction to News and No-news: Drift and Reversal after Headlines [J]. Journal of Financial Economics, 2003 (V7): 223-260.

[12] Chilton P., Schaffner C. Politics as Text and Talk: Analytic Approaches to Political Discourse, 2000.

[13] Clinton, P. Analyzing Political Discourse: Theory and Practice, 2004.

[14] Cole C. J., Jones C. L. Management's Discussion and Analysis: A Review and Implication for Future Research [J]. Journal of Accounting Literature, 2005 (24): 135- 174.

[15] Colm Kearney, Sha Liu. Textual Sentiment in Finance: A Survey of Methods and Models [J]. International Review of Financial Analysis, 2014 (33): 171-185.

[16] Davis A. K., Piger P. M., Sedor L. M. Beyond the Numbers: Measuring the Information Content of Earnings Press Release Language [J]. Contemporary Accounting Research, 2012 (29): 845-868.

[17] Donaldson L., Davis J. H. Board and Company Performance: Research Challenges the Conventional Wisdom [J]. Corporate Governance, 1994, 2 (3): 151-160.

[18] Doran J. S, Peterson D. R, Price S. M. Earnings Conference Call Content and Stock Price: The Case of REITs [J]. Journal of Real Estate Finance and Economics, 2010 (45): 402-434.

[19] Eikner A. E., Hassan H., Glezen G. W. Prospective Information in Managements' Discussion and Analysis: A Test of Incremental Information Content [J]. The Journal of Interdisciplinary Studies, 2000 (13): 13-22.

[20] Elaine Henry. Are Investors Influenced by How Earnings Press Releases are Written? [J]. Journal of Business Communication, 2008 (23): 45-68.

[21] Fama, E., Jensen, M. Separation of Ownership and Control [J]. Law and Economics, 1983 (25): 327-349.

[22] Gilson. Bankruptcy, Boards, Banks, and Blockholders: Evidence on Changes in Corporate Ownership and Control When Firms Default [J]. Financial Economics, 1990, 27 (2): 355-387.

[23] Henry, E. Market Reaction to Verbal Components of Earnings Press Releases: Event Study Using a Predictive Algorithm [J]. Journal of Emerging Technologies in Accounting, 2006 (3): 1-19.

[24] Hermalin, B. E., Weisbach, M. S. The Determinants of Board Composition [J]. RAN Journal of Economics, 1988, 4 (19): 458-467.

[25] Hillman A. J., Dalziel J. Boards of Directors and Firm Performance: Integrating Agency an Resource Dependence Perspective [J]. Academy of Management Review, 2003, 28 (3): 383-396.

[26] Jensen, M., Meckling, W. Theory of the Firm: Managerial Behavior, Agency Cost and Capital Structure [J]. Financial Economics, 1976 (3): 305-360.

[27] Johnson, R., Greening, D. The Effects of Corporate Governance and Institutional Ownership on Corporate Social Performance [J]. Academy of Management Journal, 1999 (42): 564-580.

[28] Jegadeesh N., Wu D. Word Power: A New Approach for Content Analysis [J]. Journal of Financial Economics, 2013 (110): 712-729.

[29] Kahneman, Tversky. Prospect Theory: An Analysis of Decisionunder Risk [J]. Econometrica, 1979, 47 (2): 263-292.

[30] Kalplan S. N. Minton B. A. Appointments of Outsiders to Japanese Boards: Determinations and Implications for Managers [J]. Financial Economics, 1994 (36): 225-258.

[31] Kesner I. F. Victor B., Lamont B. Board Composition and the Commission Ofillegal Acts: An Investigation of Fortune 500 Companies [J]. Academy of Management Journal, 1986, 29 (24): 789-799.

[32] Larker D., Zakolyukina, A. Detecting Deceptive Discussions in Conference Calls [J]. Journal of Accounting Research, 2012 (50): 495-540.

[33] Lee Y., S. Rosenstein S., Wyatt J. G. The Value of Financial Outside Directors Oncorporate Boards [J]. International Review of Economics and Finance, 1999, 8 (4): 421-431.

[34] Leech, Geofrey. Principles of Pragmatics [M]. Longman Group Limited, 1983.

[35] Lehavy, R., Li, F., Merkley, K. The Effect of Annual Report Readability on Analyst Following and the Properties of Their Earnings Forecasts [J]. Accounting Review, 2011 (86): 1087-1115.

[36] Li, F. The Information Content of Forward-Looking Statements in Corporate Filings—A Naïve Bayesian Machine Learning Approach [J]. Journal of Accounting Reaserch, 2010 (26): 350-396.

[37] Loughran T., McDonald B. When is a Liability Not a Liability? [J]. Journal of Finance, 2011 (66): 35-65.

[38] Louis Putterman, Xiao-Yuan Dong. China's State-Owned Enterprises: Their Role, Job Creation and Efficiency in Long-Term Perspective [J]. Modern China, 2000.

[39] Mace. A Modest Proposal for Improved Corporate Governance [J]. Business Lawyer, 1986 (48): 59-77.

[40] Mark, Brian. Board Seat Accumulation by Executives: A Shareholder's Perspective [J]. Finance, 2005 (60): 2083-2123.

[41] Osenstein, S., J. G. Wyatt. Outside Directors, Board Independence and Shareholder Wealth [J]. Financial Economics, 1990, 26 (2).

[42] P. Grice. Studies in the Way of Words [M]. Harvard University Press, 1989: 59.

[43] Paul C., Tetlock, Maytal Saar-Tsechansky, et al. More than Words: Quantifying Language to Measure Firms' Fundamentals [J]. The Journal of Finance, 2008 (12): 52-73.

[44] Peregrin J. The Pragmatization of Semantics, in K. Turner (ed.), The Semantics/Pragmatics Interface from Different Point of View [Z]. ELSEVIER, 1999.

[45] Perry, T. Incentive Compensation for Outside Directors and CEO Turnover [J]. Working Paper, Arizona State University, 2000.

[46] Roger W. Shuy. Linguistics in Other Professions [J]. Annual Review of Anthropology, 1984.

[47] S. McKay Price, James S. Doran, David R. Peterson, et al. Bliss. Earnings Conference Calls and Stock Returns: The Incremental in Formativeness of Textual Tone [J]. Journal of Banking & Finance, 2012 (36): 992-1011.

[48] Searle J. R. F. Kiefer, M. Bierwisch, Speech Act Theory and Pragmatics, 1980.

[49] Shu Y. Ma. The Chinese Route to Privatization: The Evolution of

the Shareholding System Option [J]. Asian Journal of Surgery, 1998.

[50] Steven N. Kaplan. Outside Directorships and Corporate Performance [J]. Financial Economics, 1990, 27 (2): 389–410.

[51] Tetlock P. C., Saar-Tsechansky M., Macskassy S. More than Words: Qualifying Language to Measure Firm's Fundmentals [J]. The Journal of Finance, 2008 (63): 1437–1467.

[52] Van Dijk T. A.Principles of Critical Discourse Analysis [J]. Discourse and Society, 1993.

[53] W. Edwards. Probability Learning in 1000 Trials [J]. Journal of Experimental Psychology, 1961, 62 (4): 385–394.

[54] Walder Andrew G.Local Governments as Industrial Firms: An Organizational Analysis of China's Transitional Economy[J]. The American Journal of Sociology, 1995.

[55] Warther, V.A. Board Effectiveness and Board Dissent: A Model of the Board's Relationship to Management and Shareholders[J]. Journal of Corporate Finance, 1998 (4): 53–70.

[56] William, Brown. Inside Directors, Board Effectiveness and Shareholder Wealth [J]. Financial Economics, 1996 (44): 229–250.

[57] Xiaobo Hu. The State, Enterprises and Society in Post-Deng China: Impact of the New Round of SOE Reform [J]. Asian Journal of Surgery, 2000.

[58] Yermack, D.Higher Valuation of Companies with a Small Board of Directors [J]. Financial Economics, 1996 (40): 185–212.

[59] Yi-min Lin, Tian Zhu. Ownership Restructuring in Chinese State Industry: An Analysis of Evidence on Initial Organizational Changes [J]. China Quarterly, 2001.

[60] 巴曙松."最贵"银行独董辞职 [J]. 中国企业家, 2011 (15): 14–21.

[61] 曹春方. 政治权力转移与公司投资：中国的逻辑[J]. 管理世界, 2013（1）.

[62] 曹伦, 陈维政. 独立董事履职影响因素与上市公司违规行为的关系实证研究 [J]. 软科学, 2008（11）: 127-132.

[63] 陈宏辉, 贾生华. 信息获取, 效率替代与董事会职能的改进——一个关于独立董事作用的假说性诠释及其应用 [J]. 中国工业经济, 2002（2）: 55-66.

[64] 崔艳红. 中国转型时期公共政策时效性与政策系统优化[J]. 商, 2012（21）.

[65] 戴焰军. 构建中国特色话语体系的几个原则 [J]. 人民论坛, 2012（12）.

[66] 丁煌. 政策执行滞阻机制及其防治对策：一项基于行为和制度的分析 [M]. 北京：人民出版社, 2002.

[67] 丁煌. 利益分析：研究政策执行问题的基本方法论原则 [J]. 广东行政学院学报, 2004（3）.

[68] 樊娜, 蔡皖东, 赵煜, 李慧贤. 中文文本情感主题句分析与提取研究 [J]. 计算机应用, 2009（4）.

[69] 范春燕, 冯颜利. 海外中国特色社会主义研究的几个不同视角 [J]. 国外社会科学, 2012（2）.

[70] 方真, 王元章, 江毅. 辽宁省高新技术产业政策效果评价 [J]. 沈阳大学学报（自然科学版）, 2012（5）.

[71] 高雷, 何少华, 黄志忠. 公司治理与掏空[J]. 经济学季刊, 2006, 5（3）: 1157-1178.

[72] 高明华, 马守莉. 独立董事制度与公司绩效关系的实证分析 [J]. 南开经济研究, 2002（2）: 64-68.

[73] 公方彬. 构建以新政治观为核心的中国话语体系 [J]. 人民论坛·学术前沿, 2012（11）.

[74] 郭建宁. 打造与中国道路相适应的话语体系 [J]. 人民论坛·学术

前沿，2012（11）.

[75] 郭强，蒋东生.不完全契约与独立董事作用的本质及有效性分析——从传统法人治理结构的缺陷论起[J].管理世界，2003（2）.

[76] 郭毅，王兴，章迪诚，朱熹."红头文件"何以以言行事？——中国国有企业改革文件研究（2000~2005）[J].管理世界，2010（12）.

[77] 极晓光，荔吉光.对中国渐进式改革中的路径依赖问题的反思[J].市场周刊（研究版），2005（2）.

[78] 简宇寅.独立董事任职选择的研究：理论框架与实证分析[Z].国家自然科学基金重点项目"产权保护导向的会计控制研究"（70532003）阶段性成果，2006.

[79] 江俊伟.新中国成立以来中共城乡关系政策的演变及其经验研究[J].党史研究与教学，2010（6）.

[80] 蒋艳辉，冯楚建.MD&A语言特征、管理层预期与未来财务业绩——来自中国创业板上市公司的经验证据[J].中国软科学，2014（11）.

[81] 金民卿.当代中国理论解释力的提升之道——论理论创新主体应有的四种自觉[J].人民论坛·学术前沿，2012（11）.

[82] 雷光勇，王文，金鑫.公司治理质量、投资者信心与股票收益[J].会计研究，2012（2）.

[83] 黎春燕，李伟铭，刘骋.后发地区高新技术产业扶持政策建设研究——以海南省投融资、财税、人才和产学研政策为例[J].科技进步与对策，2012（15）.

[84] 李常青，王毅辉，张凤展.上市公司"管理层讨论与分析"披露质量影响因素研究[J].经济管理，2008（4）：30-34.

[85] 李常青，王毅辉."管理层讨论与分析"研究述评[J].厦门大学学报（哲学社会科学版），2007（5）.

[86] 李锋森，李常青.上市公司"管理层讨论与分析"的有用性研究[J].证券市场导报，2008（12）：67-73.

[87] 李慧云，张林，张玥.MD&A信息披露、财务绩效与市场反

应——来自中国沪市的经验证据 [J]. 北京理工大学学报（社会科学版），2015.

[88] 李钰. 国有企业改革中内生问题的分析及对其对策 [J]. 中国经济评论，2004（10）.

[89] 李瑞昌. 中国公共政策实施中的"政策空传"现象研究 [J]. 公共行政评论，2012（3）.

[90] 李翔，冯峥. 会计信息披露需求：来自证券研究机构的分析 [J]. 会计研究，2006（3）：63-95.

[91] 李燕媛，张蝶. 我国上市公司"管理层讨论与分析"信息鉴证：三重困境及对策建议 [J]. 审计研究，2012（5）.

[92] 李燕媛，李晓东. 管理层评论信息质量原则的国际比较与启示 [J]. 会计研究，2009（1）.

[93] 立公，朱俭，汤世平. 文本情感分析综述 [J]. 计算机应用，2013（6）：1574-1578.

[94] 林尚立. 行动者与制度效度：以文本结构为中介的分析——以全国人大预算审查为研究对象 [J]. 经济社会体制比较，2006（5）.

[95] 林毅夫，蔡昉，李周. 国有企业改革的核心是创造竞争的环境 [J]. 改革，1995（3）.

[96] 刘海运. 基于行业差异的独立董事制度与公司绩效的实证研究 [D]. 湖南大学硕士学位论文，2007.

[97] 刘浩，唐松，楼俊. 独立董事：监督还是咨询——银行背景独立董事对企业信贷融资影响研究 [J]. 管理世界，2012（1）：141-156.

[98] 刘江会. 为什么是"渐进式制度变迁"——基于中国经济改革的一种经验分析 [J]. 江苏社会科学，2001（2）.

[99] 刘祥云. 言语行为理论综述 [J]. 黑龙江教育学院学报，2007（2）.

[100] 刘颖类，陈亮. 独董与其他高管的公司治理作用有差异吗——基于政治关联与审计契约视角的检验 [J]. 审计与经济研究，2015（1）：

[101] 刘昱熙.美国管理层讨论与分析的信息披露制度[J].财会通讯,2006(12).

[102] 刘祖云,李震.城市包容乡村:破解城乡二元的发展观[J].学海,2013(1).

[103] 刘祖云.社会主义政治文明:一种"话语"解读[J].江汉论坛,2006(7).

[104] 鲁桐.独立董事制度的发展及其在中国的实践[J].世界经济,2002(6):3-11.

[105] 陆文星,王燕飞.中文文本情感分析研究综述[J].计算机应用研究,2012.

[106] 陆宇建,吴祖光.我国上市公司管理层讨论与分析披露质量研究[J].科学经济社会,2010(3):43-48.

[107] 吕伟,林昭呈.关联方交易、审计意见与外部监管[J].审计研究,2007(4):59-66.

[108] 马晓玲,金碧漪,范并思.中文文本情感倾向分析研究[J].情报资料工作,2013(1).

[109] 毛志中.独立董事的独立性、履职能力与公司财务舞弊——来自2006~2009年我国上市公司的经验证据[J].安徽科技学院学报,2012,26(6):106-111.

[110] 明恩溥.中国人的特性[M].武汉:长江文艺出版社,2011:144-152.

[111] 宁向东,张颖.独立董事能够勤勉和诚信地进行监督吗——独立董事行为决策模型的构建[J].中国工业经济,2012(1):101-109.

[112] 秦宣.中国特色学术话语体系构建思路[J].人民论坛·学术前沿,2012(11).

[113] 宋学勤,卢国彬.当代中国混合所有制改革的背景、现状及发展方向[J].现代管理科学,2017(2).

[114] 孙吉胜. 国际关系中的言语与规则建构——尼古拉斯·奥努弗的规则建构主义研究 [J]. 世界经济与政治, 2006 (6).

[115] 孙继军. 国有企业改革: 路径的依赖及其选择 [J]. 甘肃科技, 2006 (9).

[116] 孙汝建. 汉语语调的语气和口气功能 [J]. 南通师范学院学报 (哲学社会科学版), 2000 (3): 69-73.

[117] 谭劲松. 中国上市公司独立董事制度若干特征分析 [J]. 管理世界, 2003 (9): 15-23.

[118] 唐清泉, 罗党论, 王莉. 大股东的隧道挖掘与制衡力量——来自中国市场的经验证据 [J]. 中国会计评论, 2005 (6): 63-85.

[119] 唐清泉, 罗党论. 设立独立董事的效果分析——来自中国上市公司独立董事的问卷调查 [J]. 中国工业经济, 2006, 214 (1): 120-127.

[120] 唐清泉, 张迪. 独立性与报酬、知识与信息, 谁更重要——基于独立董事监督职能的问卷调查 [J]. 当代经济管理, 2005 (12): 32-35.

[121] 万丽梅, 聂礼礼, 秦瑞. MD&A 信息传递效果分析 [J]. 会计之友, 2010 (1).

[122] 汪涛, 谢宁宁. 基于内容分析法的科技创新政策协同研究 [J]. 技术经济, 2013 (9).

[123] 王崇锋, 石龙, 郭少华. 高新技术产业及园区发展的政策体系研究 [J]. 科技创业月刊, 2013 (5).

[124] 王惠芳. 公司管理层讨论与分析信息披露的影响因素研究——来自深沪 223 家上市公司的经验证据 [J]. 河北经贸大学学报, 2006 (3).

[125] 王锦. 对我国上市公司关联交易信息披露规范的几点思考 [J]. 科技情报开发与经济, 2007, 17 (1): 204-205.

[126] 王向东, 刘川. 论语用学与语义学的关系 [J]. 西南民族大学学报 (人文社科版), 2005 (4).

[127] 王跃堂, 赵子夜, 魏晓雁. 董事会的独立性是否影响公司绩效 [J]. 经济研究, 2006 (5).

[128] 韦森. 言语行为与制度的生成 [J]. 北京大学学报（哲学社会科学版），2005（6）.

[129] 韦廷柒，张学亮. 中共十六大以来中国特色社会主义城乡关系理论新发展 [J]. 学术论坛，2010（12）.

[130] 魏刚，肖泽忠，Nick Travlos，邹宏. 独立董事背景与公司经营绩效 [J]. 经济研究，2007（3）.

[131] 魏礼群. 建立促进城乡经济社会发展一体化制度——学习贯彻党的十七届三中全会精神 [J]. 求是，2008（20）.

[132] 魏韡，向阳，陈千. 中文文本情感分析综述 [J]. 计算机应用，2011（12）：3321-3323.

[133] 文炳洲，牛振喜. 国有企业改革理论与实践回顾——对28年国有企业改革的反思 [J]. 开发研究，2007（1）.

[134] 吴敬琏. 用市场经济的方法改组国有企业 [J]. 集团经济研究，1997（9）.

[135] 吴淑琨，刘忠明，范建强. 非执行董事与公司绩效的实证研究 [J]. 中国工业经济，2004（9）：23-26.

[136] 夏宏. 形式语用学的当代哲学意义 [J]. 哲学动态，2008（8）.

[137] 谢德仁，林乐. 投资者会听话听音吗？——基于管理层语调视角的实证研究 [J]. 财会研究，2016（7）：29-39.

[138] 谢德仁，林乐. 管理层语调能预示公司未来业绩吗？[J]. 会计研究，2015（2）.

[139] 谢德仁，林乐. 市场对管理层语调有反应吗？——基于年度业绩说明会的文本分析 [A] // 中国会计协会2014学术论文集（会计与资本市场专题）[C]. 北京国家会计院，2014.

[140] 徐利飞. 上市公司半年度报告的管理层讨论与分析的披露现状分析 [J]. 山西财经大学学报，2007（S1）：136-139.

[141] 徐美银. 政治交易费用与国有企业改革 [J]. 商业时代，2006（30）.

[142] 许传阳，郝成元. 区域协调发展的环境政策体系框架：以五大区域为例 [J]. 生态经济，2013（1）.

[143] 薛爽，肖泽忠，潘妙丽. 管理层讨论与分析是否提供了有用信息？[J]. 管理世界，2010.

[144] 严玉洁. 独立董事个体监督行为研究 [D]. 暨南大学硕士学位论文，2014.

[145] 杨春红，尚巾斌. 言语行为理论的哲学进路与走向 [J]. 求索，2013（12）.

[146] 杨海中，语气与文字表义功能的关系[J]. 中州学刊，1981（2）.

[147] 杨继瑞，杨蓉，马永坤. 协同创新理论探讨及区域发展协同创新机制的构建 [J]. 高校理论战线，2013（1）.

[148] 杨洁，郑军，承龙. 独立董事制度与公司绩效 [J]. 经济学动态，2004（12）：57-59.

[149] 杨丽. 国有企业混合所有制改革面临的困境与建议 [J]. 改革与开放，2017（1）.

[150] 杨敏，魏志慧. 建设中国开放大学的国家政策文本分析 [J]. 现代远程教育研究，2013（3）.

[151] 杨明秋，潘妙丽，崔媛媛. 分析师盈利预测是否利用了非财务信息——以上市公司披露的社会责任报告为例 [J]. 中央财经大学学报，2012（9）：84-89.

[152] 杨正联. 公共政策文本分析：一个理论框架 [J]. 理论与改革，2006（1）.

[153] 叶康涛，陆正飞，张志华. 独立董事能否抑制大股东的"掏空" [J]. 经济研究，2007（4）：101-111.

[154] 叶康涛，祝继高，陆正飞，张然. 独立董事的独立性：基于董事会投票的证据 [J]. 经济研究，2011（1）：126-139.

[155] 叶生洪，王成慧. 我国实行独立董事制度的四大制度性障碍 [J]. 广东商学院学报，2002（3）：50-54.

[156] 伊志宏, 杜琰. 独立董事制度有效性实证研究 [J]. 经济理论与经济管理, 2005 (11): 61-65.

[157] 殷杰, 郭贵春. 从语义学到语用学的转变——论后分析哲学视野中的"语用学转向" [J]. 哲学研究, 2002 (7).

[158] 殷杰, 郭贵春. 论语义学和语用学的界面 [J]. 自然辩证法通讯, 2002 (4).

[159] 于东智, 王化成. 独立董事与公司治理: 理论、经验与实践 [J]. 会计研究, 2003 (8): 8-13.

[160] 余峰燕, 郝项超. 具有行政背景的独立董事影响公司财务信息质量么——基于国有控股上市公司的实证分析 [J]. 南开经济研究, 2011 (1): 120-131.

[161] 余玉苗, 周董董, 潘裙. 聘请退休政府官员背景独立董事给上市公司带来好处了吗 [J]. 经济评论, 2015 (1): 129-138.

[162] 喻猛国. 独立董事制度缺陷分析 [J]. 经济理论与经济管理, 2001 (9): 48-50.

[163] 臧文佼, 马元驹. 管理层讨论与分析有用性评价研究述评 [J]. 中北大学学报 (社会科学版), 2014 (4).

[164] 翟学伟. 人情、面子与权力的再生产——情理社会中的社会交换方式 [J]. 社会学研究, 2004 (5): 48-57.

[165] 张旭春. 德里达对奥斯汀言语行为理论的解构 [J]. 国外文学, 1998 (3).

[166] 张学武. 论中国建立独立董事制度的必要性 [J]. 中山大学学报论丛, 2003, 23 (2): 138-141.

[167] 赵妍妍, 秦兵, 刘挺. 文本情感分析 [J]. 软件学报, 2010 (8): 1834-1848.

[168] 赵子夜. "无过"和"有功"独立董事意见中的文字信号 [J]. 管理世界, 2014 (5): 131-141.

[169] 郑路航. "名人"独立董事履行职责状况分析——来自中国上

市公司的证据［J］.中南财经政法大学学报，2011（3）：31-37.

［170］周放生.国有企业改革的若干问题研究［J］.陕西电力，2007（1）.

［171］周立柱，贺宇凯，王建勇.情感分析研究综述［J］.计算机应用，2008，28（11）：2725-2729.

［172］周利国，刘军.关于"新国企"现象的初步探讨［J］.管理世界，2005（8）：156-157.

［173］周派.沟通行动具备独立性与优先性吗？——试论哈贝马斯言语行为理论［J］.求是学刊，2005（3）.

［174］朱慈蕴，金明义.评我国独立董事之引进［J］.浙江社会科学，2002（7）：88-93.

［175］庄垂生.政策变通的理论：概念、问题与分析框架［J］.理论探讨，2000（6）.